O
ALVO
de
DEUS
Ele está a sua Procura
IRINEO GRUBERT

Coordenação Editorial | Silvana Barrozo
Talita Kume Assessoria Editorial
www.editorialtalitakume.com
Telefone: (47) 9 9145.3663

Projeto Gráfico | Jonatas Cunico

G855a
    Grubert, Irineo
       O alvo de Deus: Ele está a sua procura/ Irineo Grubert.
2. ed. Itajaí (SC): Talita Kume, 2019.
       78 p.

       1. Graça de Deus. 2. Misericórdia de Deus. 3. Vida cristã. 4. Salvação do homem. I. Título.

CDU 231.13

Ficha Catalográfica elaborada por:
Charles Rodrigues CRB 14°/870

Prefixo Editorial: 80838
Número ISBN: 978-65-80838-00-4
Título: O alvo de Deus: Ele está a sua procura
Tipo de Suporte: Papel

IRINEO GRUBERT

O ALVO de DEUS

Ele está a sua Procura

2ª Edição
2019

SUMÁRIO

Introdução 7

Capítulo 1 A vontade que gera mudanças 11

Capítulo 2 O Inusitado de Deus 17

Capítulo 3 Deus sabe quem você É 25

Capítulo 4 Quando ninguém acreditar 31

Capítulo 5 O que Deus disse a seu respeito 39

Capítulo 6 Um investimento divino 45

Capítulo 7 Só você e Deus 51

Capítulo 8 Vendo através dos olhos de Deus 59

Capítulo 9 Onde mora a vontade de Deus? 69

Capítulo 10 No coração de Deus 75

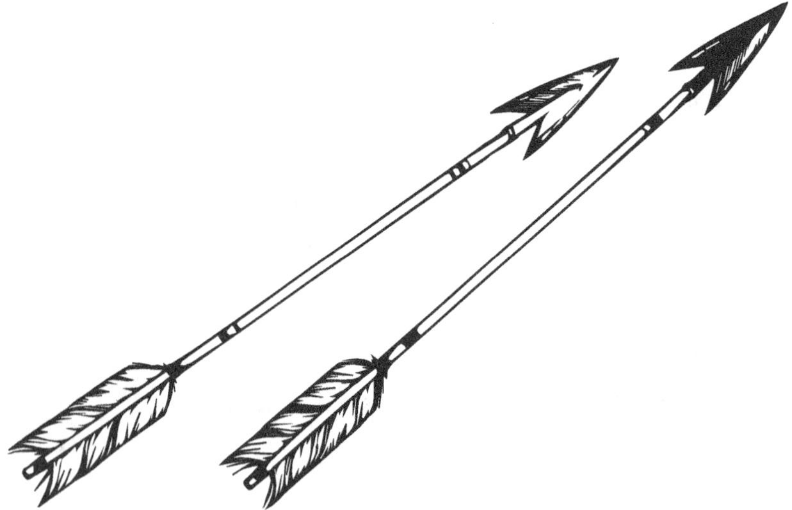

INTRODUÇÃO

Tudo começa com graça e misericórdia

Fico muito feliz ao pensar que Deus acreditou em mim mais do eu mesmo. Às vezes, quando olho para trás e vejo o quanto Deus fez, fico imaginando o que Ele tinha em mente, a Sua paciência e acima de tudo, o Seu amor.

Em 1979, no Mato Grosso do Sul, eu começava a minha vida. Estava com 19 anos de idade e havia acabado de me casar. Fátima, minha esposa, ainda iria completar seus 17 anos. Eu trabalhava numa fazenda e sonhava com o dia em que teria minha própria criação de animais. De fato eu até tinha começado, com um porquinho, mas que precisei matá-lo para fazer a festa do meu casamento. Fora isso, tínhamos um quarto, onde morávamos, um guarda-roupa de segunda mão, que pintei a fim de impressionar minha jovem esposa, e um colchão razoavelmente confortável. Nada muito promissor, mas ainda tinha o sonho de adquirir outro porco e iniciar minha própria criação.

Eu era um rapaz interiorano, que tinha projetos ou sonhos segundo, minha limitada visão. Muitos vezes eu e Fátima seguíamos 6 quilômetros a pé por uma apertada estrada de chão até o local onde poderíamos fazer algumas compras.Íamos conversando sobre nosso futuro, sobre o momento em que compraríamos alguns animais para finalmente tocarmos algo nosso. Hoje, imagino como seria se Deus tivesse enviado um de Seus anjos para me falar enquanto caminhava por aquela estrada de chão, então ele me diria:

> - Irineo, dentro de dois vocês não mais estará residindo aqui. E prosperará muito materialmente, mas emocionalmente ficará arruinado. Alguns anos mais irão se passar e vocês conhecerão a Cristo. Então tudo mudará em sua vida, e o Senhor o usará como pregador da Sua Palavra. Por todo o estado você será conhecido como homem de Deus, depois por todo o país e, mais adiante, por todo o mundo. Viajará as nações mais distantes a fim de levar o evangelho de Jesus Cristo.

Naturalmente que eu ficaria impressionado com tais palavras, contudo me voltaria para o anjo e lhe diria:

> - É lindo tudo o que me disse, mas... Acho que o senhor errou de endereço. Eu não posso ser essa pessoa que vai viajar o mundo, porque não passo de um caipira que acabou de perder o único bem que possuía para fazer uma festa simples de casamento.

É o que eu teria dito ao anjo, apenas por não compreender os pensamentos do Senhor, por não acreditar que Ele daria importância a alguém como eu, ou por me considerar incapaz de realizar algo de especial. Naquele momento eu era um rapaz do interior sem recursos e tolhido pelas circunstâncias, não fazia idéia de que Deus não vê como vemos, não caminha como nós, tampouco acredita como acreditamos. Quando Ele olha à humanidade contempla o que poderiam ser se O aceitassem, mas, quando Deus vê o Seu povo lembra-se das promessas ainda não cumpridas, das portas que abriu para que a Sua amada passasse por ela e adentrasse por um caminho jamais visto, perfeito em honra, santidade, autoridade e poder. O Senhor tem dito ao Seu povo desde o começo dos tempos: *Abrirei rios em lugares altos e fontes, no meio dos vales; tornarei o deserto em tanques de águas e a terra seca, em mananciais (Is 41: 18).* Deus realiza esse tipo de milagre, o milagre da mudança, curando não apenas o corpo, mas a alma, transformando o caráter desgastado pelo egoísmo, fortalecendo os dormentes na fé, edificando a Sua natureza sobre todo aquele que se dispõe ao Seu propósito. Por isso, Isaías 55: 8 e 9 nos dize: *Porque os meus pensamentos não são os vossos pensamentos, nem os vossos caminhos, os meus caminhos, diz o Senhor, porque, assim como os céus são mais altos do que a terra, assim são os meus caminhos mais altos do que os vossos caminhos, e os meus pensamentos, mais altos do que os vossos pensamentos.*

No entanto, inúmeros cristãos parecem discordar destas palavras, como se não aceitassem que os valores de Deus são muito superiores aos nossos próprios valores. Também o conceito que Ele possui a nosso respeito é infinitamente superior ao que temos de nós mesmos. Isso acontece porque o Senhor nos contempla de duas formas muito significativas: através da Sua graça e misericórdia.

Graça

Graça é a salvação por meio de Cristo Jesus. Agora, pense bem no que acabou de ler, Jesus é a salvação de todo aquele que nEle crê, e isso implica em cura, libertação e, acima de tudo, mudança de vida. Pois Ele livrou o homem do jugo da mentira, da insensatez, arrogância, leviandade, e duplicidade de caráter. Porque sobre si Cristo levou o pecado que quebrou o elo entre o ser humano e Deus. Portanto, falar da graça do Senhor é o mesmo que declarar que no Nome de Jesus, somos libertos para alcançar a promessa descrita por Isaías, ao dizer que o deserto se tornará em mananciais de águas. O cristão que deseja um tipo de vida aperfeiçoada por Cristo, abraçará está graça e obterá, também, misericórdia.

Misericórdia

Misericórdia é o que nos achega ao Senhor, é o perdão que vem sobre nós, mesmo antes de reconhecermos o nosso erro. É o Pai Eterno nos estendendo a mão enquanto diz: *Não temas que eu te ajudo!* É não lembrar da maldade do coração do homem para vesti-lo de ternura, coroa-lo de dignidade e calça-lo de paz. A misericórdia do Senhor não atenta para os nossos erros diários, porque o reflexo de Jesus paira, brilhando sobre aqueles que O buscam a fim de anular toda maldição retida no tempo em que estávamos longe dEle. Por isso, Deus não tratará com seu passado ou com sua origem, mas com você, e o amará a fim de que conheça e compreenda o que Ele pensa a seu respeito.

Os próximos capítulos estarão descortinando esta graça e misericórdia através do significado de uma vida plena em Cristo Jesus.

Porque eu bem sei os pensamentos que penso de vós diz o Senhor; pensamentos de paz e não de mal, para vos dar o fim que esperais.
JEREMIAS 29: 11

CAPÍTULO I

A VONTADE QUE GERA MUDANÇAS

Eu havia acabado de embarcar num vôo rumo a Miami, Flórida. Depois de estar acomodado em minha poltrona, fiquei pensando no que eu estava fazenda, afinal, minha vida ministerial não poderia estar melhor, os maus pedaços já havia passado. Aquele ano de 1996 havia chegado em plena estabilidade, então, por quê Deus me falara que eu deveria sair do Brasil com minha família para residir na América? Ouvi Deus falar mais de uma vez nitidamente ao meu coração: *Deixe tudo o que tem no Brasil e vai para a América*. Eu não queria hesitar em fazer a Sua vontade, mas precisava que Ele confirmasse os Seus planos. Conversei com Fátima e decidimos que o melhor seria nos mudarmos para Miami, já que eu possuía alguns contatos por lá. Antes porém, eu queria sondar aquela terra, a fim de obter a esperada confirmação do Senhor. Mas à medida que o avião se aproximava do seu destino, menos à vontade eu me sentia, algo inquietava-me por dentro, um sentimento desconfortável que eu tinha de por à prova.

A necessidade de mudança costuma fazer isso, nos inquietar, e muitas vezes não sabemos que direção a mudança deve seguir. Não estou falando do caráter austero, que deve tornar-se mais brando, ou do desatento que deve cuidar para ser mais perspicaz, mais atencioso. Falo da mudança que

Deus ocasiona quando percebe que Seu filho já está pronto, treinado para executar o Seu propósito. Deus tinha um plano ao mandar Abraão sair da terra de seus pais: Então o Senhor disse a Abrão:*"Saia da sua terra, do meio dos seus parentes e da casa de seu pai, e vá para a terra que eu lhe mostrarei* (Gn 12: 1; NVI). Deus não deu esta ordem em vão, Ele jamais nos manda fazer algo sem um objetivo. Infelizmente, por incredulidade, falta de confiança no Senhor, ou simplesmente por não compreender a Sua vontade, muitos cristãos deixam de cumprir o seu chamado. Por esse motivo, é necessário que haja o tempo de treinamento que é dado por Jesus. Quando o Espírito Santo nos ensina a ouvir. E eu, ainda estava querendo ouvir Deus falar ao meu espírito enquanto aquele avião pousava na Flórida.

Já em Miami, fui muito bem recepcionado por um grande amigo. Aparentemente tudo dizia que aquele era o lugar determinado por Deus para que me estabelecesse com minha família, mas ainda não me sentia sossegado, era como se Deus estivesse mudando de idéia quanto a minha estadia ali.

Eu estava pronto para voltar ao Brasil e dizer a minha esposa que tudo havia sido um engano, que Deus não nos queria naquela terra. Estava certo de minha decisão, quando um outro amigo, que residia em Orlando, ligou-me pedindo que eu não deixasse de visitá-lo antes de partir. Concordei em ir vê-lo, embora desejasse voltar o quanto antes ao Brasil. No fundo sentia-me frustrado por haver me enganado sobre a direção do Senhor.

Hoje, quando lembro daqueles momentos, penso na Igreja, que, muitas vezes, se frusta e se afasta do Senhor por não atentar à Sua voz. O cristão precisa estar na presença de Deus a fim de captar Seu direcionamento. Pois Sua voz não costuma ser audível ao ouvido humano, ela fala ao nosso espírito, no íntimo do coração e, se a pessoa, por não compreender de imediato as Suas instruções, deixar de buscá-Lo, jamais verá se cumprir o melhor de Deus em sua vida.

Ao pisar em Orlando, senti-me diferente, a sensação era de paz, unida a algo que mais parecia uma descoberta. Não parecia que estava entrando numa terra estranha indo visitar um amigo, mas era como se eu tivesse acabado de chagar em casa. Naquele momento senti Deus me confortando e acalmando, compreendi que Ele estava testificando em meu interior a Sua vontade.

A Direção do Pai

A partir daquele momento busquei ainda mais intensamente ao Senhor, precisava saber o que de fato queria de mim, pois eu estaria deixando para trás coisas que já havia conquistado sob a Sua direção, portanto, precisava ter plena convicção de que era Ele me convidando à dar o próximo passo. Afinal, eu tinha um ministério que ia bem, que crescia de maneira ampla. Deixaria minha própria cultura, minha nação, a segurança econômica e social que já havia conquistado para minha família. Foi aí que o inusitado aconteceu, pois eu estava decidido a submeter-se ao Pai.

Logo que me acomodei na casa deste amigo, soube que haveria um culto especial em sua igreja, no domingo pela manhã, teriam como preletor naquele dia o Pr Benny Hinn. Sempre admirei o ministério deste homem de Deus, as abençoadas cruzadas que ele realizava por todo os Estados Unidos e Europa, então, uma chama se acendeu em mim. Em meu espírito decidi que o Pr Benny Hinn seria a pessoa que testificaria a vontade de Deus quanto a minha mudança para aquele país. Contei ao meu amigo o que estava sentindo e disse que queria falar com aquele homem.

Eu estava tão entusiasmado com a idéia que não parei para pensar na dificuldade que seria falar com uma pessoa tão ocupada.

- Irineo, não acredito que o Pr Benny Hin possa atendê-lo, senão ele teria que atender uma multidão que o segue. - disse-me com muito tato o meu anfitrião.

- Sei disso, mesmo assim, fale com o pessoal dele, diga que é Irineo Grubert, um evangelista brasileiro!

Certamente que o nome Irineo Grubert de nada significaria para as pessoas com quem meu amigo faria contato, mas minha empolgação me fazia agir daquele modo. Era como se no meu íntimo algo dissesse: *Ele também é filho do Pai Eterno, tem comunhão com Ele, então saberá quem sou!* Eu não estava sendo movido por um tipo de ingenuidade, mas por uma convicção de fé, queria ver Deus me falar, esclarecer o que tinha para mim, por isso insisti e acabei conseguindo com que marcassem para que ele me atendesse após o culto.

Tenho visto muitos cristãos desistindo de buscar a vontade do Senhor apenas porque Ele não os responde de imediato. No entanto, a vontade do Pai vem sob a condição de entrega, do dar-se independentemente do que os outros ou as circunstâncias dirão. Entregar-se a Deus é crer nEle incondicionalmente, sabendo que Ele não o abandonará. É não desistir de orar mesmo que o mundo inteiro declare que não tem mais jeito. É, acima de tudo, confiar que o melhor de Deus ainda está por vir. Foi o que fiz, porque eu ansiava em minha alma e em meu espírito, conhecer os planos do Senhor. E a surpresa aconteceu enquanto eu ainda orava...

CAPÍTULO II

O INUSITADO DE DEUS

O culto seguia seu curso enquanto eu estava ali, de olhos fechados, orando como que querendo agarrar a Deus: *Senhor, fala comigo através deste homem, esclarece o que estou sentindo. Pai, ninguém sabe quem é Irineo Grubert, este homem não tem motivo algum para me atender, mas fala comigo...* Eu gemia em meu espírito quando senti alguém tocar em meu ombro, tratava-se de uma pessoa enviada pelo Pr Benny Hinn.

- O Pr Benny Hinn pediu que o senhor me acompanhasse.

Obedeci, embora não compreendesse, já que ele ficara de me atender após o culto.

Ao chegar diante daquele homem que nunca tinha me visto antes, ouvi Deus me falar. Através dele o Senhor disse sobre a minha mudança para aquele país e o propósito dEle naquela decisão. A Sua Presença enchia não apenas o ambiente, mas a minha alma. De repente, o Pr Benny Hinn me impôs as mãos e começou a orar. Senti-me noutra dimensão, a unção de Deus transbordou em mim naquele instante. O medo, a insegurança quanto seguir a Sua vontade, estavam sendo dissipados.

Quando o cristão se dispõe a ouvir Deus, pela experiência do transbordar em Sua Presença, todos os temores ou dúvidas são removidos, pois não haverá lugar para aquele cansaço que abate a alma, tampouco as preocupações nos afetam. Quem ouve Deus, sabe esperar por Sua promessa, porque O conhece e compreende que *Deus não é homem, para que minta; nem filho de homem, para que se arrependa. Porventura, tendo ele prometido, não o fará? Ou, tendo falado, não o cumprirá?* (Nm 23: 19). Ao decidir confiar nEle e esperar por Sua direção, o cristão é lavado uma nova dimensão de vida. Pois, ao Seu lado temos nossa visão ampliada e nos tornamos como a águia citada por Isaías: *...mas os que esperam no Senhor renovam as suas forças. Voam alto como águias; correm e não ficam exaustos, andam e não se cansam* (Is 40: 31; NVI).

A mesma pessoa que me levou até o Pr Benny Hinn, acompanhou-me de volta ao meu lugar, pois estava como que embriagado da Presença do Senhor.

Após o culto, o meu amigo aproximou-se de mim e disse:

- Agora você pode ir falar com o pastor, ele o está esperando.

- Não preciso mais, o Senhor já me disse tudo que eu precisava ouvir. - respondi cheio de contentamento.

Quando o Pr Benny Hinn me chamou, ele não sabia que eu era a pessoa que queria lhe falar após o culto. Ele apenas obedeceu a orientação do Senhor ao agir daquela forma. Você compreende a profundidade deste fato, não fui convidado a conversar com ele por ser um velho amigo seu, ou alguém a quem tinha a sua simpatia. Não, não foi o que ocorreu, mas o Espírito de Deus tratou de providenciar todas as coisas.

Muitas vezes Deus age de forma estranha, e não compreendemos o Seu motivo ao nos pedir para tomar certas decisões, mas é preciso que o cristão tenha consciência de que toda mudança feita por Ele resulta em vitória.

No entanto, tenho notado cristãos imaturos, se apegando a simbologias a fim de descobrirem o direcionamento ou a orientação de Deus. É o caso daquelas pessoas que acreditam precisar de se utilizar de uma flor para que os maus espíritos saiam de sua casa. Ou que o punhado de sal grasso associado a tantas orações terá poder de curar ou libertar. O Apóstolo Paulo já nos advertia quanto a essas práticas desnecessárias: *Eu lhes digo isso para que ninguém os engane com argumentos que só parecem convenientes* (Cl 2: 4; NVI). A conveniência quanto a utilização de subterfúgios a fim de se achegar a Deus, tem tornado a Igreja sem sabedoria quanto ao buscar a Cristo.

Como o povo de Deus manterá seus pensamentos ligados no Senhor ? Quando existe a necessidade de expressões de fé através de objetos simbólicos? Não é disso que a Igreja precisa, pois desta forma seremos cristãos tolhidos de um real crescimento. Deus não deseja que Seu povo seja levado pelas emoções. Sua proposta é de uma nação espiritual: *Mas vós sois a geração eleita, o sacerdócio real, a nação santa, o povo adquirido, para que anuncieis as virtudes daquele que vos chamou das trevas para a sua maravilhosa luz* (1 Pe 2: 9). O Senhor jamais fez pouco caso de Seu povo, sempre o teve em alto conceito, contudo, cristãos se deixam levar por velhas armadilhas do diabo, que entranham em nosso meio como conveniência, mas que são frutos da incredulidade, da apatia e de dissimulações.

Incredulidade

A incredulidade tem arrastado cristãos que declaram viver para Deus. Tem abatido pessoas que afirmam conhecer a Cristo. Esse é um fato que tem partido de uma liderança que procura fazer crescer seu ministério não através da Palavra de Deus, mas de conceitos próprios, afirmações pessoais baseadas no emocional.

A Igreja nasceu como referencial de fé, mas o que temos visto é um tipo de fé sem fundamento bíblico, que tem sido utilizada para se obter lucro próprio. As pessoas têm desejado proclamar sua credibilidade em Jesus sem atentar para o fato de que ninguém pode crer ou adquirir fé, sem antes crucificar com Cristo a velha natureza. Parece que há um modismo invadindo as igrejas em que os princípios de Deus são trocados por um comodismo fruto de uma incredulidade que tem adentrado na vida daqueles que se restringem a pequenas porções das Escrituras. A Igreja tem aprendido a declarar versículos convenientes como: *Posso todas as coisas naquele que me fortalece* (Fl 4: 13); ou *Em todas estas coisas, porém, somos mais que vencedores, por meio daquele que nos amou* (Rm 8: 37). Tais Palavras são fundamentos de Cristo, mas elas estão ligadas a integridade, fidelidade e busca incessante ao Senhor. Ninguém pode se iludir achando que obterá uma vida plena de bênçãos utilizando-se de meias porções das instruções dadas por Deus. Vida abundante é resultado de busca intensa e incansável *daquele que é poderoso para fazer tudo muito mais abundantemente além daquilo que pedimos ou pensamos, segundo o poder que em nós opera (Ef 3: 20)*. Contudo, há inúmeros cristãos decepcionados com Deus, achando que Ele não tem cumprido o seu propósito em suas vidas. Na verdade, o que está faltando é o povo aprender à ouvi-Lo, líderes deixarem seus afazeres a fim de se dedicarem a ouvir e meditar na Sua Palavra, pois é isso que dá estabilidade, força e segurança aos cristãos, individualmente, bem como aos grandes ministérios. Visto que, os Seus ensinamentos revelam a firmeza de uma fé que não se altera com ventos de estranhas doutrinas, através do passo-a-passo com Cristo Jesus. *Para isso vocês foram chamados, pois também*

Cristo sofreu no lugar de vocês, deixando-lhes exemplo, para que sigam os seus passos (1Pe 2: 21; NVI).

Apatia

Observo que a indiferença é, além de armadilha do diabo, uma fuga para muitos dentre o povo de Deus. Há alguns que se enganam achando que será mais fácil fugir de dar satisfações ao Senhor, como se houvesse a possibilidade de viver em Cristo sem um comprometimento. É o caso daqueles que dizem: *Sou um cristão verdadeiro, mas acho que não tem nada a ver se eu fizer isso, tenho visto outros praticando o mesmo e continuam na igreja!* Deus não aceita desculpas para o pecado, tampouco credita honra ao impuro e, qualquer pessoa que ouça, ainda que por pouco tempo a Sua Palavra saberá disso. Por isso, muitos se afastam de Deus negligenciando Suas instruções, não prestando atenção à advertências como: *Não adulterarás, não matarás, não furtarás, não darás falso testemunho, não cobiçarás, e, se há algum outro mandamento, tudo nesta palavra se resume: Amarás ao teu próximo como a ti mesmo* (Rm 13: 9). Estes querem carregar consigo a imagem de um bom servo do Senhor, mas não conseguem deixar de lado assuntos como: pornografia, mentira, falsidade, infidelidade. São atraídos por estas coisas porque não afixam seus olhos na direção certa, não experimentam o andar com Deus, o falar com Ele e, se perdem num mundo de apatia que os distrai dia após dia para longe do Senhor, porque são prisioneiros da indiferença, embora não se dêem conta. Pessoas assim têm sérios problemas de relacionamentos, pois Satanás planta nos corações a desatenção ou desinteresse pelo que é primordial, a fim de roubar-lhes a essência de suas vidas: o amor que é dado naturalmente, a todos que persistem em buscar a Deus.

Aquele que aprende a amar a Cristo saberá esvaziar-se de si mesmo e a atentar para a necessidade do que está à sua volta, não é egoísta, tampouco presunçoso, porque presta atenção a voz do seu Senhor.

> *Seja a atitude de vocês a mesma de Cristo Jesus, que, embora sendo Deus, não considerou que o ser igual a Deus era algo a que devia apegar-se; mas esvaziou-se de si mesmo, vindo a ser servo, tornando-se semelhantes aos homens. E, sendo encontrado em forma humana, humilhou-se a si mesmo e foi obediente até a morte e morte de cruz!*
>
> **FP 2: 5-8; NVI**

Dissimulações

As dissimulações são tão variadas quanto sutis e, para os que se oferecem para servir a Cristo, ela oferece uma roupagem belíssima, a da aparência. Aparente santidade, aparente retidão de vida. Infelizmente, pessoas que deveriam ser referenciais no meio evangélico, cometem abusos, negam a Jesus com suas atitudes e depois retomam a seus lugares como se nada houvesse acontecido. É o dissimular do arrependimento impedindo a verdadeira ação de Deus. Quando o homem peca e não se sente condoer por seu erro, significa que o Espírito Santo já se afastou, e o momento não é de disfarçar o seu deserto espiritual, mas de clamar por socorro, antes que seja tarde demais. Arrepender-se não é fazer uma oração como que programada pedindo perdão. O livro de Tiago muito bem define essa situação: *Senti as vossas misérias, e lamentai, e chorai; converta-se o vosso riso em pranto, e o vosso gozo, em tristeza* (Tg 4: 9).

Dissimulações impedem mudanças, pois enquanto o ser humano engana a si mesmo não desejará mudar, porque não terá consciência de sua real necessidade. Por isso tem sido tão comum cristãos com relacionamentos fracassados. A vida conjugal esta sempre de mal a pior, o convívio com os filhos desgastado, e a vida profissional frustrada. Ninguém que viva de aparentar estabilidade com Deus, colherá frutos de bem-aventurança.

Crentes se enganam quando acham que podem armazenar maus pensamentos, maus hábitos e ainda contar com a proteção do Senhor. Agindo assim, o homem ficará entregue a si mesmo e passará a fazer escolhas irrefletidas, influenciadas pelas circunstâncias. Essa é a função do fingimento, esconder as pessoas em algum tipo de futilidade que cause prazer, enquanto aos poucos rouba-lhes a identidade de Cristo.

A Igreja precisa compreender que os caminhos e os pensamentos de Deus não são humanos e que Ele fica ligado as pessoas através da Sua Palavra. Este é um fato capaz de revolucionar por completo a história de homens e mulheres, porque nada há que possa deter a ação de Deus, senão os maus pensamentos. O Apóstolo Paulo sabia que esse problema era capaz de arruinar a muitos e advertiu aos cristãos de Filipos: *Finalmente, irmãos, tudo o que é verdadeiro, tudo o que é respeitável, tudo o que é justo, tudo o que é puro, tudo o que é amável, tudo o que é de boa fama, se alguma virtude há e se algum louvor existe, seja isso o que ocupe o vosso pensamento* (Fp 4: 8).

Acredite, nada terá mais efeito em sua vida do que o mergulhar na Palavra de Deus.

CAPÍTULO III

DEUS SABE QUEM VOCÊ É

A máquina fotográfica estava pronta. O foco automático ajustado e o esquadrinhamento só dependia de um pouco de paciência. Lá estava o alvo da máquina, um adolescente que deveria ter uns 14 anos de idade, sentado num banco de praça enquanto aguardava a chegada do pai. O pai, no entanto, o observava à certa distância, esperando o momento em que ele melhor se posicionaria para lhe tirar a inesperada fotografia.

De repente, a posição do rapaz ficou perfeita e o pai bateu a foto. Em seguida foi em direção ao filho.

- Mas por que demorou tanto? - indagou o garoto impaciente.

- É assim que você se despede de seu Pai? Lembre-se de que ficarei fora por longos meses.

- É que fiquei nervoso, o senhor disse que só iria até ali comprar uma coisa e demorou mais de meia hora.

- Sentirei saudades desse lugar... - disse o pai deslizando os dedos sobre a máquina, que ainda tentava acomodar em sua mala -... sentirei falta dessa pequena praça com traços dos anos 60... Mas filho, vou levar você comigo.

- Pai, o senhor sabe que não posso ir!

- Agora é tarde. Você já está aqui dentro! - disse apontando para a máquina, que finalmente se acomodara a mala.- Consegui fotografá-lo do jeito que eu queria.

- E como o senhor queria?

- Queria você como realmente é, sem fazer pose ou sorriso forçado. Por isso não queria que me visse tirando sua foto.

- Pai, o senhor tem cada idéia... Podemos revelar antes que siga pro aeroporto?

- Creio que sim, estamos com algum tempo sobrando.

Logo que a foto foi revelada, o pai a olhou com carinho e disse para si mesmo: *Como que está crescido e bonito o meu menino!* Já o rapaz, arregalou os olhos e fez uma careta ao se ver na foto.

- Pai, eu saí horrível nessa foto! Meu nariz está parecendo tão grande e... eu não tenho essa cara emburrada!

Uma simples foto é capaz de revelar a aparência física de uma pessoa e, algumas vezes, é até capaz de captar ternura ou mal humor através do semblante. Contudo, é comum uma pessoa olhar seu retrato e declarar: *Não, eu não saí bem nessa foto... meu nariz não é assim, nem meu queixo... também não estou tão acima do peso...* Esse tipo de questionamento ocorre porque o ser humano prefere ser, ou se parecer, com o que ele desejaria ser. Encarar seus defeitos é esbarrar com suas limitações, sendo assim, será bem mais fácil fugir delas. Talvez por isso tenhamos hoje, dentro da Igreja, tantos cristãos procurando se distrair com inúmeras coisas que não os façam encarar a eles próprios.

Na ilustração mencionada observamos a não aceitação de um adolescente quanto a sua aparência. Provavelmente esse é um fato natural para um garoto da sua idade mas, como um adulto maduro e com bastante tempo fazendo parte do corpo de Cristo, pode ter a mesma reação daquela garoto? Estou dizendo que alguns fazem careta para suas imperfeições e continuam tocando a vida como se os defeitos do caráter fossem um engano de sua personalidade. A personalidade, porém, estará sempre dando indícios da falta de maturidade espiritual.

Maturidade Espiritual

Uma pessoa imatura espiritualmente não consegue se entregar por completo a Deus, porque sempre confiará mais em sua própria percepção. De fato ela nem consegue imaginar como alguns cristãos podem dizer que só tomam determinadas decisões depois de orar longos períodos, pois não desistem até que Deus lhes responda. Para o crente natural isso soa estranho, ser espiritual, parece mais um desajuste. Essa visão deturpada quanto a ser espiritual, acontece quando a pessoa se deixa dominar pelo comum do dia-a-dia.

Será sempre comum alguém passar horas à frente de uma televisão, jamais será estranho o desfolhar uma revista com pornografia, bem como não haverá problema se um adulto decidir ficar horas diante um computador jogando conversa fora ou declarando palavras ilícitas numa sala de bate-papo.

A mídia incentiva essas praticas, motiva as pessoas a agradarem mais a si do que qualquer outra coisa. Tais atitudes existem com a finalidade de distrair, evitar o estresse que faz tanto mal. Em suma, o comum, o óbvio, acaba desfocando a verdadeira visão, é neste momento que o cristão passa a aceitar o convívio com aquilo que é medíocre.

Uma pessoa que não aceita ser dominada pelo que o mundo julga ser bom estará começando a vislumbrar seu verdadeiro "eu", porque não há como Deus causar mudanças, transformar situações ou remover obstáculos, sem que antes o cristão compreenda quem ele é.

Deus sabe quem você é, e ter consciência desta verdade é o primeiro passo para que possa se derramar diante do Senhor em arrependimento. O arrependimento é a porta para a visão ampliada, para o reconhecimento de que sem Ele nada pode ser feito, porque *nele, foram criadas todas as coisas, nos céus e sobre a terra, as visíveis e as invisíveis, (...) Tudo foi criado por meio dele e para ele* (Cl 1: 16). Desta forma o cristão entra na Presença do Senhor e passa a experimentar da Sua orientação e glória *E todos nós, com o rosto desvendado, contemplando, como por espelho, a glória do Senhor, somos transformados, de glória em glória, na sua própria imagem, como pelo Senhor, o Espírito* (2 Co 3: 18). Para alguém refletir a imagem de Cristo precisa estar pensando como Ele, tomando decisões do Seu agrado, fazendo escolhas sob Seus princípios.

O cristão amadurecido espiritualmente não se deixa levar por bombardeios de engano que batem à porta da mente humana para adentrar ao coração mas, os enganos jamais surgirão como logros, eles aparecem vestidos de conveniências. É conveniente fazer infinitas coisas e sobrar um mínimo de tempo para cultivar um relacionamento com Deus. Contudo, o cristão quando convicto da sua posição através de Jesus, tem forças para derrubar a parede da mediocridade, o muro da indiferença quanto ao Reino Eterno, porque compreenderá que Deus o conhece e ama, independente de suas imperfeições. O pai da ilustração não olhou às imperfeições da foto, olhou apenas o filho que muito amava. Não é diferente o modo como o Pai Celestial nos olha, especialmente porque nos vê sob o sangue de Seu Filho, que nos purificou e fez selar a Nova Aliança.

Que possamos nos voltar para a Palavra de Deus e seguir o conselho que o Senhor inspirou ao rei Davi dar a seu filho: *E você, meu filho Salomão, reconheça o Deus de seu pai, e sirva-o de todo o coração e espontaneamente, pois o senhor sonda todos os corações e conhece a motivação dos pensamentos. Se você o buscar, o encontrará, mas, se você o abandonar, ele o rejeitará para sempre* (1Cr 28: 9; NVI). Após agarrar-se a este conselho, permita que Ele lhe sonde o coração e o aperfeiçoe para Sua glória.

Examina-me, Senhor, e prova-me; esquadrinha a minha mente e o meu coração (Sl 26: 2). Assim declare todos os dias ao seu Pai.

CAPÍTULO IV

QUANDO NINGUÉM ACREDITAR

Aprendi algo fundamental logo no começo do meu ministério: a não dar ouvidos àqueles que diziam não acreditar no meu chamado. Eu estava convicto de que Deus havia me ungido para pregar, sendo assim, eu chegava com naturalidade a outros pastores a falava a esse respeito. Esperando que fossem me incentivar ou, ao menos, ficassem felizes com a notícia. No entanto, não era o que acontecia. Após lhes falar sobre o que ardia em minha alma, a ponto de me sentir comovido, o que eu ouvia era: *Mas, qual é a sua formação teológica? Onde se formou? E que linha escatológica você defende?* Depois de superar o meu desapontamento quanto aqueles líderes, respondia apenas que seria um pregador porque Deus havia me chamado.

Já aconteceu de você se sentir desacreditado com relação ao seu ideal, a sua fé em Jesus? Eu bem sei o que é isso. Contudo, não desisti porque desde o ano de 1989, por meio de um pregador, descobri que *qualquer um pode entrar no chamado de Deus*. Então eu poderia, e estava disposto a seguir a vontade do Senhor, pois sabia que ali estaria o segredo da minha vitória.

Nos congressos que realizo, sempre procuro enfatizar quatro leis espirituais que são como alicerces na vida de qualquer cristão que realmente deseja seguir a Cristo : meditação, oração, jejum e adoração. Observe o quanto o exercício destas leis podem nos beneficiar.

Meditação

Meditar na Palavra de Deus é algo mais profundo do que muitos imaginam. Porque quando você pára a fim de meditar no que o Senhor está dizendo, está se submetendo a Ele, considerando cada Palavra, aceitando Sua instrução, refletindo sobre os Seus propósitos, intentando quanto ao Seu poder, descobrindo a intensidade da Sua majestade e, acima de tudo, conhecendo ao Senhor e aprendendo a amá-Lo. Há porém, alguns que se enganam, pois tomam a Bíblia não interessados em submeter-se ou perscrutar a Palavra, mas o fazem do mesmo modo como faziam os fariseus, inspirados por interesses pessoais. Religiosos em todas as épocas gabaram-se por conhecer as Escrituras, entretanto, não se deixavam envolver por ela, porque não estavam dispostos a serem moldados segundo os Seus conselhos. Meditar no que diz a Bíblia é se deixar tocar pelo próprio Deus, é permitir que o Pai o tome pela mão e ouvir Seu sussurrar: *Porque eu, o Senhor, teu Deus, te tomo pela tua mão direita e te digo: Não temas, que eu te ajudo* (Is 41: 13). Meditar no que diz as Escrituras nos desvencilha das armadilhas de Satanás, pois conhecendo a Verdade passamos a adquirir autoridade para ordenar que o inferno se cale, enquanto damos graças ao Pai por todo o bem que nos é revelado por Sua Palavra.

> *Antes, renunciamos aos procedimentos secretos e vergonhosos; não usamos de engano, nem torcemos a palavra de Deus. Ao contrário, mediante a clara exposição da verdade, recomendamo-nos à consciência de todos, diante de Deus.*
>
> **2 CORÍNTIOS 4: 2; NVI**

Oração

Depois de passar um ano na igreja, as pessoas sabem que Deus cura, liberta e abençoa mas, quantos decidem se dedicar a oração? A oração é quem decidirá o seu grau de relacionamento com Aquele que fundamentou céus e terra apenas num ordenar. Orar é falar de coração aberto com a Pessoa que teceu seu corpo, edificou sua alma e inspirou-lhe vida através do seu espírito e que jamais estará ocupada demais para ouvi-lo. Nunca tratará com insignificância os seus assuntos, tampouco lhe pedirá para deixar a conversa para outra hora. Mesmo sendo soberano em força e glória, fará silêncio a fim de ouvir sua voz, seu choro, seu clamor ou seu sussurrar pedindo perdão. Fazendo assim, você estará obedecendo a Sua Palavra que diz: *Orai sem cessar* (1 Ts 5: 17), ao mesmo tempo em que adentrará o coração de Deus: *Aquele que tem os meus mandamentos e os guarda, esse é o que me ama; e aquele que me ama será amado por meu Pai, e eu também o amarei e me manifestarei a ele* (Jo 14: 21).

Satanás sabe que é impossível derrotar uma pessoa que possui a marca de Cristo, pois é isso que a oração faz, ela marca, evidencia a ação de Jesus na vida de quem O busca.

Contudo, às vezes será difícil orar, porque haverá sempre algo com que se preocupar, a lembrança de alguma coisa que ainda precisa ser feita, ou a dor nas costas o fará pensar na confortável poltrona e no filme predileto que poderia estar assistindo. Quando penso nisso, lembro daquele momento quando prendi meu dedo na porta, a sensação após a retirada do dedo é que parte dele ficou lá gritando, me chamando para acudi-lo. O momento em que o cristão se põe de joelho não é muito diferente. Ele se fecha no quarto e começa a falar com Deus, mas as preocupações, os desejos da alma, ficam depositados na porta dizendo:

- Há muita coisa por fazer hoje, depois você ora!

O cristão resiste e responde:

- Não! Quero ficar orando!

- Mas você esta cansado, precisa relaxar, descansar pelo menos um pouco!

- Não!

- Por favor, estou com sede, me leve para tomar um suco... que há de mal nisso?

Mas o cristão continua resistindo.

- Ao menos o noticiário você deve assistir, um homem mal informado corre sérios riscos.

Não suportando mais, ele não resiste aos apelos de sua alma e se joga diante do aparelho de TV. As notícias falam de todo o tipo de insegurança e ele se deixa contaminar por elas, porque não se fortaleceu através da oração, não usufruiu da presença do Pai, tampouco viu a manifestação de Deus em sua vida. Coisas desse tipo não passam de artimanhas do diabo no intuito de quebrar um momento sagrado, capaz de aproximar uma pessoa do céu e colocá-la diante do trono do Altíssimo. Por tudo isso, persista em adquirir intimidade com Aquele que o convida para conversar, a fim de fazer o impossível só para vê-lo sorrir.

Satisfizeste-lhe o desejo do coração e não lhe negaste as súplicas dos seus lábios

SALMOS 21: 2

Jejum

Escrevi um livro direcionado apenas ao jejum, nele comento que quando uma pessoa pensa em jejuar logo imagina uma luta contra a geladeira, e acaba praticando a abstenção de alimentos por motivos errados.*Há pessoas que jejuam muito e não conseguem alcançar o seu objetivo. Jejuam procurando mudar Deus, tentando movê-lo, mas Deus não se move da verdade. Ele se move dentro da verdade*(Trecho extraído do meu livro O Jejum). O ato de jejuar não se limita a um sacrifício físico, vai muito além, mesmo porque nada agrada mais ao Senhor do que um coração quebrantado e contrito: *Os sacrifícios para Deus são o espírito quebrantado; a um coração quebrantado e contrito não desprezarás, ó Deus* (Sl 51: 17). Abster-se de coisas que dão prazer a mente e ao corpo, com a finalidade de compreender o mundo espiritual, conhecer o direcionamento de Cristo e os Seus planos, é o modo correto de adentrar num jejum. Enquanto o cristão jejua, Deus lhe diz o que fazer, Ele revela que direção deve ser tomada, mostra-lhe como sair de situações difíceis. É desta forma que as circunstâncias a nossa volta são alteradas, pois tudo o que acontece no mundo físico é, antes determinado pelo mundo espiritual.

O jejum não deve ser lembrado como um momento de desprazer para se alcançar algo da parte de Deus, pois este é um conceito falso, já que estamos falando de um ato que nos aproximará do Senhor e que nos levará a grandes conquistas espirituais.

Kenneth E. Hagin, em seu livro: *Guia Para o Jejum Equilibrado, nos dá o seu parecer sobre quando jejuar: Quando você deve jejuar? Não posso dizer-lhe, e nem a Bíblia dá instruções específicas. Permita que você seja guiado pelo Senhor. Quanto mais você estuda, mais você verá como somos dependentes do Espírito de Deus; não só da Palavra de Deus; mas do Espírito santo.* Portanto, o jejum não é feito sozinho, ao contrário, ele é acompanhado da meditação das Escrituras, de oração e de adoração.

Quando jejuardes, não vos mostreis contristados como os hipócritas; porque desfiguram o rosto com o fim de pare-

cer aos homens que jejuam. Em verdade vos digo que eles já receberam a recompensa. Tu, porém, quando jejuares, unge a cabeça e lava o rosto, com o fim de não parecer aos homens que jejuas, e sim ao teu Pai, em secreto; e teu Pai, que vê em secreto, te recompensará.

MATEUS 6:16-18

Adoração

O que é adoração? Parece que o povo de Deus tem estado confuso quanto a este assunto e se deixado levar por reações que nada tem a ver com o ato de adoração.

Há algum tempo atrás estive num show evangélico onde as pessoas gritavam e pulavam entrando em um estado de êxtase capaz de deixá-las como que alucinadas. O cantor principal entrou no palco ouvindo gritos e choro, seu nome já havia sido divulgado por toda a cidade, através de faixas, cartazes e panfletos. Mas quem era o homem que aparentemente louvava a Deus? Ninguém questionava, porque o que de fato desejavam era o som de instrumentos amplificados, a explosão de luzes que surgiam do palco, o aglomerado de emoções que fluía de toda aquela festa. Contudo, o momento de festa acaba e fica o povo de Deus retomando os seus assentos na igreja. E os líderes que apoiam os grandes shows de adoração, começam a se queixar do problema de adultério dentro da Casa do Senhor, problemas de traição, deslealdade e não compreendem de onde surgiu tanto conflito.

O que tem acontecido é que pessoas tem se levantado como levitas adoradores, mas que estão totalmente distantes de Deus. Estão com a vida manchada porque lhes falta integridade com o que é sagrado. Cantam sobre santidade quando nem sabem o que é isso. Pastores precisam buscar ao Senhor a esse respeito, porque, quando alguém que não tem comunhão com Cristo se achega diante do povo de Deus, com a autorização do líder da igreja para ministrar, terá o direito de partilhar com aquelas pessoas o seu testemunho de vida. Então alguém dirá: *Mas eu observei, e ela só falou sobre a Palavra do Senhor, cantou apenas músicas que edificam!* E o testemunho particular desta pessoa, condiz com o que ele canta ou prega? Note o que o Apóstolo Paulo fala sobre os que tentam buscar a Cristo de qualquer maneira, sem antes fazer uma auto-análise: *Eis a razão por que há entre vós muitos fracos e doentes e não poucos que dormem. Porque, se nos julgássemos a nós mesmos, não seríamos julgados* (1Co 11: 30 e 31). Não estou dizendo que é errado cantar ou dançar na Presença do Senhor, o que estou dizendo é que adoração é um produto do espírito, não uma coisa amplificada. Adorar é um ato de entrega que você faz sozinho, sem a necessidade dos holofotes das emoções. É quando você louva a Deus mesmo sem música, e entende que precisa adorá-Lo porque no céu e terra não há Deus semelhante a Ele. É quando o coração sussurra palavras de gratidão e fala como o profeta Jeremias: *Ninguém há semelhante a ti, ó Senhor; tu és grande, e grande é o poder do teu nome* (Jr 10: 6).

Falo especificamente sobre este assunto em meu livro: A adoração, onde enfatizo que esta atitude provem de corações sinceros, que almejam não esconder coisa alguma do Senhor, mas a andar segundo o Seu propósito: *Podemos esconder o que somos e fazemos de tudo e de todos, exceto de Deus e de nossa mente, porém, quando formos totalmente livres, faremos as coisas como Deus deseja. O que fazemos escondido é o que nos mata e Deus quer matar isso.* (Trecho extraído do livro A Adoração).

Adoração é um ato semelhante ao da criança que se lança nos braços do pai não porque a induzem a isso, mas porque ela conhece e ama a pessoa que a toma nos braços. Que em espírito e em verdade, possamos nos deixar envolver por

Aquele que nos amou desde o princípio.

Mas a hora vem, e agora é, em que os verdadeiros adoradores adorarão o Pai em espírito e em verdade, porque o Pai procura a tais que assim o adorem.

JOÃO 4:23

Estas quatro leis possuem poder para edificar o cristão que não aceita viver segundo os princípios de um sistema mundano. Meditação, oração, jejum e adoração, são portas que nos levam a caminhar rumo a eternidade, pois enquanto fizermos estas coisas, receberemos em nosso caráter a essência de Cristo, a natureza dAquele que nos credita os maiores sonhos, mesmo quando ninguém mais acredita. Ele nos vê como o lugar que foi aplanado para receber todo o bem que à nós foi reservado.

Todo vale será aterrado, e nivelados todos os montes e outeiros; os caminhos tortuosos serão retificados, e os escabrosos, aplanados...

LUCAS 3:5

CAPÍTULO V

O QUE DEUS DISSE A SEU RESPEITO

Ele lembrava o que o Senhor havia dito sobre a sua vida: *Vou usá-lo na minha obra, grandes sonhos realizarei através de você...* Era Deus falando, a convicção vinha-lhe ao coração. A lembrança da palavra profética o agradava, então, ele levantava a cabeça para o alto e dizia: *Senhor, eu estou aqui, esperando apenas o momento em que cumprirei o seu propósito!*

Pessoas assim anseiam ver a ação de Deus, mas não sabem se disponibilizar, porque não compreendem que, o cumprimento de Sua Palavra depende do quanto estarão dispostos a se entregarem a Sua vontade. Sendo assim, crêem na salvação por meio de Cristo Jesus e que hão de herdar o céu, e isso lhes basta. É claro que todo cristão precisa estar consciente de sua salvação, mas esta realidade deveria impulsioná-lo a andar com Deus ainda aqui na Terra, no entanto, não é o que acorre. O comodismo faz o cristão assentar-se à cadeira da igreja e a usufruir de uma comunhão muito aquém aos planos do Senhor. E, vez por outra, ele relembra a Palavra de Deus dita a seu respeito e pensa: *Mas não depende de mim, é vontade do Senhor me usar ou não.* Isso é uma inverdade. A verdade é que faz parte dos planos do Pai, o caminhar com Seus filhos, pois só assim Ele poderá compartilhar dos Seus sonhos e projetos com a Igreja.

Que tipo de barreira tem se levantado no coração do cristão, a ponto de impedi-lo de ser o que Deus determinou que ele fosse? O primeiro obstáculo é o errôneo conceito que a pessoa possui acerca de si mesma.

Falso Conceito Sobre Quem Você É

A Bíblia afirma que aqueles que buscam ao Senhor são mais do que vencedores, contudo, há cristãos olhando para dentro deles próprios em busca do que possuem de qualidade ou habilidade, a fim de que Deus possa lhes usá-los. Uma pessoa pode ser especialmente talentosa na arte de cantar, sua voz a mais bem entoada e seu dom pode impressionar o críticos exigentes. Mas, tais habilidades não fazem desta pessoa alguém apto para Deus usar. Os olhos do Senhor não estão sobre os que se esforçam ou têm condições para cursar uma faculdade na melhor das universidades. Tampouco, Ele escolherá o que menos obteve chances na vida, aquele que não pôde completar o curso fundamental ou o ensino médio. Os planos de Deus se movem e acontecem na vida daqueles que ousam crer, independentemente do que ouvem das pessoas e vêem no mundo.

Sublinhe estas palavras: O que você não viu e Deus disse sobre a sua vida, é mais verdadeiro do que aquilo que você vê. Sei o que alguns irão pensar: *Deus não pode me usar, porque não consigo fazer as coisas certas, do jeito de Deus!* Pois não queira fazer as coisas do jeito de Deus, deixe-o dominá-lo, permita que o Espírito do Senhor repouse sobre você e pare de tentar por si mesmo.

Por mais que o ser humano tente, jamais conseguirá ser realmente bom, ele precisa da natureza de Cristo, precisa deixar de acreditar em sua própria capacidade e passar a confiar no que Deus diz. Porque só Ele pode transformar o homem de natureza infiel, descrente, mentirosa, desleal, insincera e até infame em alguém íntegro, leal, ousado, determinado, verdadeiro, de princípios absolutamente honestos. Esse tipo de mudança ocorre quando o cristão deixa de esperar ou buscar vitórias em torno de suas próprias conquistas. Estou falando de algo que um curso superior não oferece, de uma verdade que também não se acha entre a dor do menos afortunado, mas falo daquilo que não vem da terra, mas do céu, e que só alcançamos através da morte da alma e da carne.

A Morte da Alma e da Carne

O rapaz era rico, morava numa luxuosa mansão, localizada num importante bairro de sua cidade. Certa manhã, decidiu que daria novo rumo a sua vida, se dedicando-se a missões. Estava disposto a viajar o mundo todo levando as boas novas de Jesus Cristo.

Viajou horas rumo ao Instituto Bíblico que costumava enviar missionários aos mais diversos países. Chegando ao seu destino, o diretor da Instituição já o esperava.

- É muito bom ver um homem ainda jovem desejoso em servir a Cristo.

- Sim, senhor. Acho que chegou a hora de fazer alguma coisa mais significativa em minha vida. Como o senhor já sabe, cresci dentro do evangelho, prosperei muito e agora, tudo o que quero é seguir a Jesus.

- Tem certeza?

- Absoluta.

- Mas, e os seus bens, quem os administrará?

- Hoje em dia podemos fazer qualquer coisa à distância. Pela Internet posso acessar minha empresa e ficar à par de tudo o que estiver acontecendo!

- E quanto as reuniões que exigirão a sua presença?

- Também não importará, com um avião particular não terei de faltar aos meus compromissos.

- E quanto aos prazeres?

- Do que o senhor está falando?

- O prazer de assistir a um bom filme, um jogo de futebol, a companhia dos amigos, nada de mal, mas às vezes, inviável quando se está num campo de missões.

- Acho que poderei dar um jeito nisso também.

- É verdade, até agora só falamos de coisas que você, de alguma forma, pode comprar. Contudo, quando tiver diante de você um homem desenganado pelos médicos, o que fará? Ou, quando se aproximar de você alguém amargurado, porque não sabe perdoar, o que dirá? E, quando estiver ao lado de uma família que nem sabe o que é um computador, porque vive em completa penúria, não apenas de pão, mas da Palavra de Deus. Além disso, haverá os possessos por demônios, você estará pronto para expulsar os espíritos imundos destas pessoas?

- Caro diretor, estou aqui me colocando a serviço de Cristo, não estou compreendendo o que senhor está querendo me dizer citando tantos obstáculos!

- Não cito obstáculos, mas fatos que são tranqüilamente resolvidos por quem não carrega consigo bagagens.

- Quer que eu viaje sem bagagens?

- Ninguém conseguirá servir a Cristo carregando seus próprios desejos. Tudo o que você possui terá de ficar pra trás, se quiser levar a marca de Jesus.

Lembra daquele jovem rico que se aproximou de Jesus a fim de saber o que poderia fazer para ter a vida eterna? *Mestre, que farei de bom para obter a vida eterna?* (Mt 19: 16; NVI). E Jesus citou alguns dos Seus mandamentos e o rapaz respondeu que a todas aquelas coisas já praticava. Então Jesus, voltou-se para aquele moço e disse: *Se você quer ser perfeito, vá, venda os seus bens e dê o dinheiro aos pobres, e você terá um tesouro nos céus. Depois venha e siga-me.*

Ouvindo isso, o jovem afastou-se triste, porque tinha muitas riquezas

MT 19: 21, 22; NVI

Jesus queria que aquele jovem se esvaziasse de si mesmo, deixasse de lado toda a primazia de sua vida, a fim dEle se tornar o primeiro lugar. O mesmo se deu com o jovem da ilustração: desejava servir a Deus fazendo missões, mas sem fazer morrer o seu querer, as suas vontades.

O que são as riquezas ou os prazeres deste mundo para Deus? Nenhuma riqueza o impressiona, porque Ele as criou e tem domínio sobre todas elas. E quanto ao prazer? Ele sabe o quanto é enganoso o prazer escolhido pelo homem, porque Ele teceu os sentidos do corpo, da alma e do espírito. Por isso, o que o Senhor realmente procura são pessoas dispostas a encontrá-Lo, não impulsionadas por algum tipo de emoção, mas com sinceridade de coração: *Então, dali, buscarás ao Senhor, teu Deus, e o acharás, quando o buscares de todo o teu coração e de toda a tua alma. (Dt 4: 29).*

Quando o homem deixa de dar ouvidos à razão, às lógicas do seu raciocínio, para ouvir a voz do Espírito Santo, está fazendo morrer a sua alma. Ao desprezar a sensualidade, ao afastar-se da preguiça ou da negligência, estará matando os desejos da carne. Estas mortes geram vida e vida eterna, e estabelecem o andar perfeito com Deus, ainda aqui na Terra. Estes são os pontos de partida para que o Senhor possa cumprir o que disse a seu respeito.

Penso agora nas epístolas que Paulo escreveu: a Filemom, aos Filipenses, Colossenses e Efésios. Cartas maravilhosas, inspiradas pelo Espírito Santo e com poder para mudar a História dos povos sobre toda a Terra. Foram palavras de ânimo, ensinamento e conforto, no entanto, ele estava numa prisão quando as redigiu. Ele assim fazia porque já havia aprendido a não olhar às circunstâncias, mas a crer unicamente no que Deus dizia.

Em sua Segunda carta a Timóteo, ele disse: *...por cuja causa padeço também isto, mas não me envergonho, porque eu sei em quem tenho crido e estou certo de que é poderoso para guardar o meu depósito até àquele Dia* (2 Tm 1: 12). Paulo, bem como os demais crestes de sua época, pagaram um alto preço a fim de divulgar as boas novas de Jesus, foi um tempo trabalhoso, porém rico das manifestações do poder de Deus. Hoje, o evangelho é uma realidade, mas nos debatemos com o problema da falta de seriedade e convicção para com o que é eterno. As pessoas estão confundindo a vontade de Deus com projetos pessoais e impedindo que Ele invista em suas vidas.

A indisposição para obedecer a Deus poderá prejudicar ou atrasar o cumprimento do Seu plano em você (Kenneth E. Hagin - Livro: Segundo o Plano de Deus).

CAPÍTULO VI

UM INVESTIMENTO DIVINO

Os projetos de Deus não podem ser detectados pela razão, por alguma definição lógica. Logo no começo deste livro dissemos que os Seus pensamentos, não são os nossos pensamentos, tampouco os Seus caminhos são como os nossos.

A Bíblia nos conta sobre Paulo, que andava segundo seus princípios religiosos e agia de acordo com o que considerava justiça, até ser confrontado com a Verdade que é Cristo. É o que tem faltado a muitos cristãos, um confrontamento com Jesus. Pois, ao deparar-se com Ele, o cristão percebe que não faz sentido nenhum dos seus motivos de vida, não tem razão de ser o conceito acerca de si mesmo, mas a única coisa que passa a importar é o que Deus pensa. Paulo viveu isso, por essa razão podia dizer a Timóteo que se mantivesse firme no chamado do Senhor, sem se importar com o que os outros diriam, porque ele era alvo de palavras proféticas.

Palavra Profética

Timóteo, meu filho, dou-lhe esta instrução, segundo as profecias já proferidas a seu respeito, para que, seguindo-as, você combata o bom combate, mantendo a fé e a

boa consciência que alguns rejeitaram e, por isso, nau-
fragaram na fé.

1TM 1: 18,19; NVI

Paulo sabia o que Deus havia dito à respeito de Timóteo, e também compreendia que ele ainda estava sendo aperfeiçoado pelo Senhor.

Agora, vamos trazer Timóteo para os dias atuais e observemos o perfil de uma pessoa que é alvo de Cristo.

Timóteo conversava com um amigo, que deveria ter mais ou menos a sua idade.

- Eu ainda estou impactado com o Deus falou comigo!

- Mas como foi isso?

- Eu estava em um culto de avivamento no mês passado, e senti que as palavras do pregador eram pra mim. Foi como um fogo queimando aqui dentro! - disse apontando o próprio peito. - Falou de algo que eu já sentia, embora não tivesse certeza.

- E o que Deus disse?

- Que serei um pastor. Pastor de uma grande igreja, e que realizará muitos ensinamentos por meu intermédio.

Então o amigo, que até aquele momento procurara se manter sério, não agüentou e caiu na gargalhada. Depois de haver passado algum tempo tentando controlar a excessiva risada, disse:

- Meu amigo, essa é pra rir! Você, um pastor?

- Deus falou. - responde o rapaz sentindo-se acuado por certa timidez.

- Você não acha que sua imaginação anda fértil demais? Quem é você Timóteo? É um cara impaciente, intolerante, não tem tato com ninguém! Sem contar que não é nenhum santinho!

O Timóteo dos dias atuais se sentiu mal com as observações do amigo e decidiu não tocar mais no assunto. Algum tempo depois, ele toma coragem e procura pelo pastor de sua comunidade, pensando que este, talvez, o incentivasse no seu chamado. O pastor o ouvia atentamente, até que disse:

- Tenho outras pessoas para atender ainda hoje. Que acha de continuarmos este assunto amanhã? Mas vou refletir sobre tudo o que você me falou.

Mal o rapaz virou às costas, o pastor telefonou aos pais de Timóteo. Sua mãe atendeu.

- Gostaria de saber como vai a família... e Timóteo, como anda esse rapaz?

- O mesmo inconstante de sempre. O senhor sabe, ele é assim desde criança, volúvel, temperamental. Parece que nunca vai deixar de ser levado pelas emoções...

Uma pessoa sem indícios de garra ou determinação quanto a sua própria conduta, terá dificuldades em ser aceito, especialmente se disser que é um escolhido de Deus. Alguém que não possui crédito da família, porque de fato nunca o fez por merecer. Então, Timóteo vê-se diante de dois caminhos, duas escolhas. Acreditar no que pensam a seu respeito, considerar seus sentimentos, porque na verdade ele se acha frágil e incapaz. Ou manter os olhos noutra direção, onde Deus está dizendo: *E far-te-ei uma grande nação, e abençoar-te-ei, e engrandecerei o teu nome, e tu serás uma bênção* (Gn 12: 2).

Foram essas as palavras ditas a Abraão, quando o Senhor mandou que ele saísse do meio de seus parentes, de sua família, para habitar numa terra estranha. Deus disse, e para Abraão bastava a Palavra proferida por Deus. Não importava que ninguém acreditasse na direção que ele seguiria, importava para aquele homem era fazer todas as coisas segundo a vontade do Senhor.

O Timóteo aconselhado por Paulo fez a sua escolha, optou por seguir a voz do Espírito Santo e venceu. Foi pastor de uma igreja de mais de 70 mil pessoas, a maior igreja da sua época, em Éfeso. Apenas porque não atentou em olhar para o espelho de sua alma, mas fixou sua atenção no que Deus era capaz de fazer dentro dele e por seu intermédio. Porque em seu espírito aquele rapaz compreendeu o seu dever, se disponibilizar. Esse era o segredo, não esperar nada de si mesmo. Ele entendeu que o Pai não esperava nada do frágil Timóteo, não exigiria qualquer coisa do seu passado, da sua vida cheia de medos e conflitos pessoais. Deus não lhe cobraria nada de sua natureza inconstante. O que Deus queria era o investimento que faria em Timóteo. Bastava que aquele rapaz se dispusesse a Ele.

Os fracassos pessoais ainda empurram muitos cristãos para fora dos planos de Deus, porque estão sempre apegados às próprias forças, não se deixando dominar pelo que Cristo lhes fala ao coração.

O cristão precisa crer que ele é um alvo de Jesus. Alguém em que o Senhor acredita, pois Ele não teria morrido, dado Seu sangue, por pessoas sem apreço.

Eu estava nos Estados Unidos, quando vi um quadro que me emocionou muito. Nele havia um homem de semblante tristonho e sofrido, e em sua mãos pendiam um martelo e os cravos que prenderem Jesus na cruz. Aquele era o seu ofício, pregar na cruz os malfeitores. Contudo, Jesus não havia cometido crime algum, mas assim mesmo foi crucificado. E lá estava a imagem do homem, sendo criticado, ameaçado ao inferno, esmagado pela culpa, humilhado por ter sido o instrumento que ousou matar o Filho de Deus. Aquele que veio para remir o pecado da humanidade, refazer o elo quebrado. A imagem do homem ao pé da cruz exprimia sua desgraça, pois ninguém o aceitaria, pessoa alguma o teria como justo.

Com a mesma nitidez com que o quadro expressava a dor de alguém morrendo sem esperança, era pleno em manifestar alivio, paz, contentamento e perdão, pois era o próprio Jesus quem ia ao encontro daquele homem oferecendo-lhe uma nova vida.

Já parou para pensar nisso? O Senhor, quando morreu, investiu naquele que o crucificou. Depositou em mim e em você, todo o Seu amor, Sua grandeza, Sua glória. Por isso, é impossível Ele rejeitar àqueles que decidem acreditar na Sua Palavra.

A sociedade pode jogá-lo para baixo, os pensamentos humanos e até as pessoas a quem confiou sua consideração e afeto. Deus, porém, continuará profetizando vitórias sobre sua vida. Basta que pare de tentar levar Deus até o seu modo de pensar, porque Ele não descerá até você, mas o fará subir ao lugar onde habita um pensar perfeito, um caminhar de excelência, a fim de que habite sob a majestade do Altíssimo.

CAPÍTULO VII

SÓ VOCÊ E DEUS

Imagine uma gigantesca escada. Seus degraus partem de onde você está e sobe em direção ao céu, adentrando as nuvens e desaparecendo em meio o azul intenso. Será longo o trajeto até o alto, mas você precisará fazê-lo, se quiser realizar os sonhos que Deus plantou no seu coração. Os que persistem na subida, jamais erram o caminho, contudo, alguns não resistem aos ventos contrários e caem ou, simplesmente, se acomodam e param num dos degraus, convencidos de que não podem passar dali, acreditando ser aquele o limite de Deus para eles.

Mas, por que algumas pessoas limitam Deus? Por que não se esforçam por galgar os degraus da fé, da intercessão, da adoração, da meditação nas Escrituras, ou seja, por que não consideram aquilo que é do alto? Percebo que muitos cristãos, sobem os degraus celestiais cabisbaixos, olhando para o que possuem, para o que são capazes de oferecer e, num dado momento, se assentam, cansados dos próprios fracassos e começam a partilhar ao Senhor não as suas necessidades, mas as suas derrotas. É o caso do cristão que passa a residir num único degrau de sua vida com Deus e, exausto, imagina um diálogo com o Pai:

- Ah Senhor, acho melhor parar por aqui, não consigo seguir adiante. Tenho carregado tantas dívidas... minha vida financeira é sempre cheia de altos e baixos. E emocionalmente estou estressado... cansado demais...

Então Deus, sentado ao lado deste cristão, diz:

- Eu entendo, meu filho. Também já não agüento mais esses crentes. O meu povo vive me dando trabalho desde o começo dos tempos.

- Parece que toda minha vida é um erro, um desacerto só. Por isso prefiro desistir de fazer conquistas espirituais, porque desaponto principalmente a mim mesmo...

E Deus balançaria a cabeça concordando com cada desistência e fracasso.

Mas não é esse o agir de Deus, porque Ele jamais desce até os nossos erros, aos nossos problemas e fracassos, mas nos tira do meio de todos eles. Nossas inverdades não O atingem, porque Ele não se move no pensamento humano, Deus se move dentro de um caminho chamado verdade.

Um Caminho Chamado Verdade

O espaço chamado verdade de Deus é muito maior do que esse emaranhado de problemas onde nós vivemos. Por isso Ele disse: Porque, assim como descem a chuva e a neve dos céus e para lá não tornam, sem que primeiro reguem a terra, e a fecundem, e a façam brotar, para dar semente ao semeador e pão ao que come, assim será a palavra que sair da minha boca: não voltará para mim vazia, mas fará o que me apraz e prosperará naquilo para que a designei.

ISAÍAS 55: 10-11

O Senhor está dizendo que todas as coisas proferidas através da Sua Palavra, ou tudo aquilo que o Espírito Santo declarar aos nossos corações, terá que ser regado, para só então, transformar-se em semente e dar-nos o fruto. O Senhor nos rega com Seus sonhos, Seus propósitos, a Sua vontade. Esta é a primeira parte da palavra profética, quando Ele nos faz saber o que fará por nosso intermédio. Mas a realização do Seu querer, ocorre num processo muito semelhante ao da evaporação.

Para que melhor compreenda este seguimento, note a ilustração a seguir:

Beto é um menino que cursa o ensino fundamental, mas sofre por não conseguir assimilar bem matemática. Contudo, seus pais o motivam, não querem que ele desista ou desanime de estudar por causa de uma única matéria. O menino, porém, não consegue melhorar, não se sente capaz de realizar aqueles cálculos, porque já não acredita em si mesmo. Suas notas revelam sua insuficiência, a palavra do professor o deixa tenso, pois sempre que corrige suas tarefas diz: Beto, você vai muito mal! Ele tem plena consciência de sua dificuldade, as notas, o professor e até os amigos não o deixam esquecer.

Certo dia, o pai de Beto o chamou para conversar e disse:

- Filho, sei que você está com notas baixas, mas daqui por diante, quero que confie mais em mim. Me conte suas dúvidas na matéria que irei ajudá-lo.

- Mas o senhor não tem tempo.

- Terei todo o tempo e paciência de que precisar.

Sem sentir medo ou vergonha de revelar ao pai seus erros, o garoto prosseguiu. Não foi muito fácil, porque precisou renunciar as brincadeiras de que mais gostava a fim de ficar ao lado do pai, recebendo seus ensinamentos, aprendendo com ele. E, algum tempo depois, o menino se tornou o melhor aluno naquela matéria. Mais tarde, ao se tornar adulto, transformou-se num especialista na área matemática, destacando-se como respeitável profissional na carreira que havia escolhido.

Observe a atitude da criança ao dedicar seu tempo à vontade do pai. Ela abnegou seu próprio querer, para que pudesse aprender com a única pessoa que não considerava o seu fracasso. Deus faz exatamente o mesmo. O Pai Eterno lhe diz: *Você será uma bênção, grandes obras realizarei por seu intermédio!* Agora, cabe a você, negar seus próprios conceitos, suas vontades pessoais para derramar-se diante dEle dizendo: *Eis me aqui Senhor, para cumprir todo o Seu propósito!* Quando este tipo de atitude acontece sinceramente, a Palavra de Deus fecunda no espírito do homem para produzir poder e autoridade no realizar, pois ele esvaziou-se do seu próprio "eu", de suas presunções, para aprender a ser plenamente dependente de seu Senhor.

Para que isso aconteça, você precisará aprender a ficar sozinho com o Pai. Terá de se assentar com Ele no silêncio do seu coração, proporcionando momentos onde possa ser somente você e Deus. E não poderá permitir que as circunstâncias batam à porta, fazendo-o lembrar das dívidas ou dos compromissos. Terá que deixar do lado de fora a culpa, as notas baixas que as pessoas à sua volta lhe dão. E olhará apenas para o seu Pai, porque Ele lhe dará a capacidade, a habilidade, a inteligência, a sabedoria e força de que precisa.

Uma pessoa que compreende o que significa depender de Deus e se dispõe a ser em todas as coisas, instruído por Ele, será capaz de marcar a História com suas atitudes. Foi o que aconteceu com um importante músico, conhecido mundialmente. Aos 17 anos já era considerado um prodígio da música. Quando adulto, Georg Friedrich Händel, assumiu o topo de uma vida bem-sucedida e famosa. Mas, ao passar do tempo, surgiram cruciais dificuldades, devido a competição com os compositores rivais, o público inconstante, e as mudanças políticas de sua época. Sua situação econômica foi perdendo estrutura, e o homem bem sucedido chegou a ruína. A decadência de Händel parecia não ter fim, pois acabou sofrendo um tipo de derrame, que deixou seu braço direito com dificuldades de movimentos e quatro dedos de sua mão paralisados.

Em 1741, decidiu que era hora de parar, mesmo tendo se recuperado do derrame e tivesse com apenas 56 anos. Pois já não tinha mais o que esperar da vida.

Certo dia, um amigo chamado Charles Jennings, o visitou e deu-lhe um libreto baseado na vida de Cristo. Curioso, ele examinou a obra, esta o deixou motivado o bastante para faze-lo voltar ao trabalho. Händel sentiu-se novamente inspirado e começou a escrever. A vida de Cristo fez brotar nele um sentimento novo. Escreveu por 21 dias, quase que sem pausa. E passou mais dois dias fazendo a orquestração. Em 24 dias completara uma obra de 260 páginas manuscritas, e deu-lhe o nome de *Messias*.

Hoje, todo o mundo conhece a maior de todas as suas obras, aquela que marcou sua carreira como compositor: *Messias de Händel.*

Quando o homem se deixa dominar pela verdade que é Cristo, pára de centralizar sua vida em fracassos pessoais e passa a enfocar tudo o que Deus diz e é. Pois, só na Sua Presença, uma pessoa é capaz de vencer o medo causado pelas frustrações e se desvencilhar das mentiras do diabo.

Perseguição ou Retalhação?

Percebo cristãos amedrontados dizendo que o diabo os está retalhando ou perseguindo. Começam cumprindo a vontade do Senhor, para em seguida declarar: *O diabo está me retalhando porque decidi evangelizar! Ou, então: Já não agüento tanta perseguição do inimigo!* Mas a Bíblia diz exatamente o contrário, note o que está escrito em Tiago 4: 7: *Sujeitai-vos, pois, a Deus; resisti ao diabo, e ele fugirá de vós.* O diabo não pode retalhar ou perseguir qualquer um que esteja sob a Presença do Senhor, mas ele foge, porque não suporta uma pessoa que tenha o reflexo dAquele que o derrotou.

Alguém que se dispõe a esvaziar-se de si mesmo, será inspirado à olhar para o alto, a não desistir de subir os degraus da fé e da meditação nas Escrituras, persistirá em prosseguir nos degraus da adoração ao Altíssimo, e da intercessão. Porque se achará envolvido pela verdade que é Cristo.

Paulo, em sua carta aos Romanos, deixa bem claro que nenhum tipo de circunstância contrária, pode nos separar do amor que habita em Cristo Jesus: *Pois estou convencido de que nem morte nem vida, nem anjos nem demônios, nem o presente nem o futuro, nem quaisquer poderes, nem altura nem profundidade, nem qualquer outra coisa na criação será capaz de nos separar do amor de Deus que está em Cristo Jesus, nosso Senhor* (Rm 8: 38 e 39; NVI).

Satanás é sagaz, gosta de fazer o cristão pensar que se buscar pouco a Deus não será muito incomodado pelo que é das trevas. Desta forma, a pessoa se acomoda, se esquecendo de fazer morrer sua alma, pois passa a tentar subir em direção a Cristo carregando orgulho, medo, insegurança, tristeza, mágoa ou culpa. O fardo fica pesado e o crente desanima, porque não há como o cristão conhecer os pensamentos de Deus e caminhar com Ele, levando consigo cargas que fazem parte deste mundo. O sistema mundano luta por inculcar no ser humano os seus padrões de mentira, mas cabe a cada um de nós, persistir em buscar a Verdade e atentar às alturas de Cristo.

> *O Filho é o resplendor da glória de Deus e a expressão exata do seu ser, sustentando todas as coisas por sua palavra poderosa. Depois de ter realizado a purificação dos pecados, ele se assentou à direita da Majestade nas alturas.*
>
> **HEBREUS 1:3**

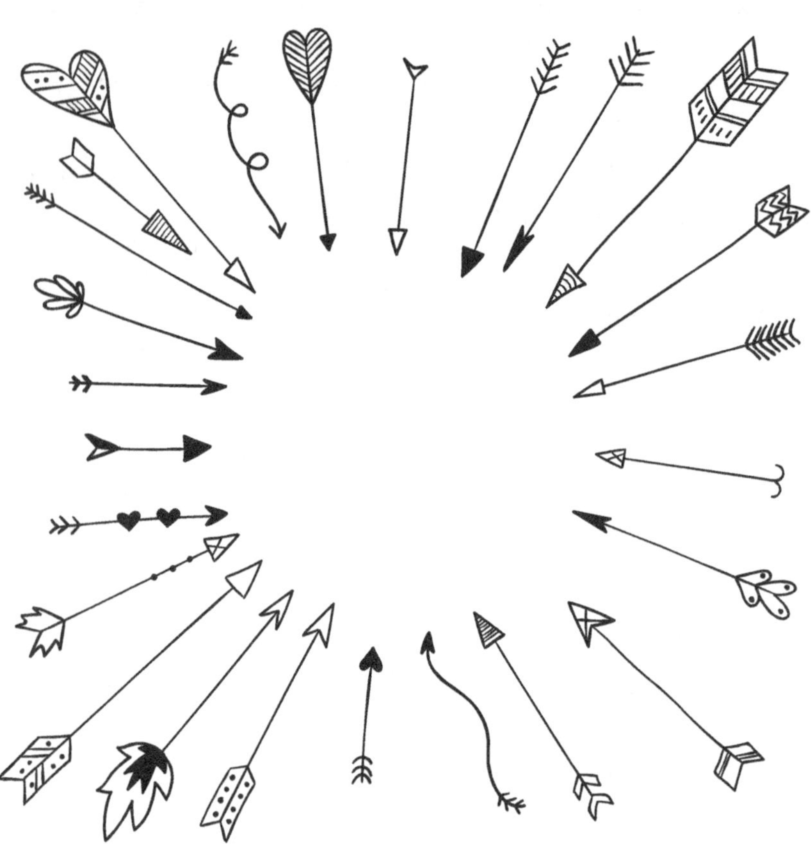

CAPÍTULO VIII

VENDO ATRAVÉS DOS OLHOS DE DEUS

Nada poderia ser mais pavoroso para o rapaz que via sua cidade cercada por inimigos. Homens muito bem armados estavam prontos para destruir tudo em volta. Sua respiração era ofegante, suas mãos transpiravam enquanto o medo o fazia hesitante à frente do seu comandante.

- Senhor, estamos perdidos. O exército inimigo nos cercou e são muito mais poderosos que as nossas tropas!

- Acha mesmo?

- Isso é um fato, senhor, não algo que possamos achar. Nosso território está rodeado pelo adversário. - disse o soldado já desesperançado.

- Você é um bom soldado. - disse calmamente o comandante - Mas ainda não sabe ver. Porque nossas tropas não são visíveis aos olhos humanos. Nosso exército é muito mais poderoso, é invencível e capaz de vencer todos as forças armadas deste mundo!

O homem de Deus, chamado Eliseu, não era o comandante de um exército, mas sabia exatamente como vencer qualquer tropa inimiga e não se afligia, porque contemplava o que seu servo nem de longe notava. Observe o relato bíblico descrito em 2 Reis 6: 15-18:

Tendo-se levantado muito cedo o moço do homem de Deus e saído, eis que tropas, cavalos e carros haviam cercado a cidade; então, o seu moço lhe disse: Ai! Meu senhor! Que faremos? Ele respondeu: Não temas, porque mais são os que estão conosco do que os que estão com eles. Orou Eliseu e disse: Senhor, peço-te que lhe abras os olhos para que veja. O Senhor abriu os olhos do moço, e ele viu que o monte estava cheio de cavalos e carros de fogo, em redor de Eliseu. E, como desceram contra ele, orou Eliseu ao Senhor e disse: Fere, peço-te, esta gente de cegueira. Feriu-a de cegueira, conforme a palavra de Eliseu.

O rapaz que avistou as tropas inimigas tinha todos os motivos para se sentir derrotado, afinal, o inimigo já havia invadido a cidade. E não é muito diferente a situação nos nossos dias, em nossa vida diária; o fato é que a adversidade surge e às vezes acontece tão repentinamente que parece invencível. Então nós, assim como aquele moço, ficamos aflitos ao percebemos que estamos cercados de problemas. Contudo, para todo conflito haverá uma saída, se soubermos ver como Eliseu viu, através dos olhos de Deus. Ele viu o sobrenatural porque sua confiança no Senhor não estava baseada no raciocínio humano, não havia fortalezas que pudessem impedi-lo de ver o Seu agir. Falo das fortalezas que se desenvolvem na alma a fim de separar o homem de Deus. Pois, qualquer conceito, atitude, relacionamento indevido ou impuro, pode nos afastar do Senhor, nos tornando cegos em nosso espírito, sem a Sua orientação e sem discernir o Seu querer.

Eliseu, tinha consciência de que a batalha a ser enfrentada, ia muito além do âmbito físico, humano. Mas, por que ele via o mover de Deus, enquanto o seu servo avistava apenas o perigo? A diferença era que Eliseu sabia contra quem, realmente, deveria lutar: *...porque a nossa luta não é contra o sangue e a carne, e sim contra os principados e potestades, contra os dominadores deste mundo tenebroso, contra as forças espirituais do mal, nas regiões celestes* (Ef 6: 12). Uma pessoa vê o poder de Deus quando mantém sua mente presa a Cristo. Pois no campo mental serão feitas as escolhas fundamentais ao homem.

Charles R. Swindoll, em seu livro Como Viver Acima da Mediocridade, comenta: *A luta está longe de ser uma luta de carne e sangue. Não é tangível; é mental - não fica no reino daquilo que podemos ver, tocar ou ouvir.*

Mas Deus tem alertado o Seu povo para um tempo sobrenatural, onde quatro elementos fundamentais se estabelecerão sobre a Igreja, lhe ampliando a visão. A começar por cura sobrenatural.

Cura Sobrenatural

Eu fazia uma conferência no sul do país, acompanhado de um grupo da igreja de Toronto, do Canadá. A reunião da noite já estava planejada, até que Deus me falou: *Pregue uma mensagem sobrenatural.* Falar sobre o sobrenatural de Deus é pôr de lado o que é natural, comum ao ser humano. É ir contra as anormalidades oferecidas pelo diabo, e ficar atento quanto a tudo aquilo que o Senhor deseja revelar.

Por todos os lugares no mundo, onde tenho ministrado a Sua Palavra, tenho visto milagres sobrenaturais de cura física, os testemunhos são dos mais diversos. Mas naquela noite, o Espírito de Deus me inspirava a indagar às pessoas de um modo diferente:

- Quantos aqui se sentem oprimidos? Com medo, ansiosos e desejando voltar atrás?

Naquela noite a principal cura não era a física física, Deus queria tratar com o emocional das pessoas e fiquei surpreso com a multidão que se manifestou.

Hoje há uma grande pressão demoníaca invadindo a mente humana, a fim de deixar enferma a alma. Uma pessoa que se deixa influenciar ou se contaminar pelo que o mundo oferece, logo perderá sua visão quanto ao Reino dos Céus, pois deixará de ver a Cristo e sentirá ausência de fé, falta de confiança em Deus, e descrença quanto as Suas promessas. Essas coisas impedirão ao cristão de crescer através de Jesus e o conduzirá a uma vida espiritual medíocre.

Uma pessoa impregnada de conceitos mundanos não poderá alcançar qualquer tipo de cura, pois fortalezas invisíveis lhes anuviará a visão.

Tim LaHaye, bem explica como estas barreiras adentram ao coração humano: *Alguém já disse: "Você é aquilo que lê." O homem escolhe, através de sua vontade, se deve ler literatura pornográfica ou algo mais sadio, como a Bíblia. Sua mente recebe o que sua vontade escolhe para ler e ouvir, e suas emoções serão afetadas pelo que ela ali deixar penetrar* (Trecho extraído do livro: Temperamento Controlado Pelo Espírito).

Mas hoje, Deus o convoca a livrar-se destas barreiras, para que alcance a Sua visão e, pelo Seu poder, possa usufruir da cura sobrenatural.

Revelação Sobrenatural

Esse tipo de revelação nada tem a ver com o entendimento comum a mente humana. Uma pessoa com revelação de

Deus não passa os dias dizendo: *Já não agüento mais o diabo...é o tempo todo ele me atacando, por isso não consigo sair desse fracasso de vida!* Tornou-se um hábito as pessoas culparem o diabo por seus erros. Desta forma, eles atribuem a Satanás uma autoridade maior do que aquela que ele possui, já que o inimigo de nossas almas não pode tocar em alguém que vive em Cristo. Foi o caso de Eliseu, ele não temeu porque tinha intimidade com Deus, não focalizava toda sua atenção nos fracassos, mas via neles possibilidades onde o Senhor converteria o mal em bênção.

Um dos maiores líderes da história do mundo, reconhecido por causa de sua persistência, disse: *O que quero saber antes de tudo não é se fracassaste, mas se soubestes aproveitar teu fracasso.* Abraham Lincoln sabia o que dizia, pois não enfrentou poucos revezes na vida. Teve de resistir a muitos fracassos até ver-se vitorioso. Em 1832, ele entrou na guerra dos *Black Hawk's* como capitão, mas acabou como soldado. Ainda neste ano se candidatou e foi derrotado para o Congresso de Illinois, seu estado natal. Em seguida, comprou uma loja em sociedade, para falir pouco tempo depois.

Em 1854 buscou reingressar na política, como candidato ao Senado americano e foi derrotado. Em 1858 repetiu a tentativa e novamente foi vencido. Mas o principal em Lincoln era que ele não valorizava o fracasso, mas transformava-o em lição. Não ficava parado olhando para sua derrota, de forma alguma, mas seguia em frente, vendo possibilidades futuras.

No ano de 1860, foi eleito presidente dos Estados Unidos, ganhando facilmente logo no primeiro turno. Hoje, lembrado como homem que sabia transformar derrota em vitória.

Cristãos atuais têm tanta dificuldade em enxergar o que Deus quer lhes mostrar porque perdem tempo culpando Satanás, quando deveriam estar clamando ao Senhor para que cegasse as ações do diabo. O império da trevas não pode fazer nada contra uma pessoa que persista em atentar para o que diz as Escrituras. Alguém que atente em ouvir os conselhos de Cristo não se detém diante da adversidade. Foi o que Eliseu fez, recorreu a Deus na hora do perigo, pediu que Ele cegasse os seus inimigos e viu o livramento: *E, como desceram contra ele, orou Eliseu ao Senhor e disse: Fere, peço-te, esta gente de cegueira. Feriu-a de cegueira, conforme a palavra de Eliseu* (2 Reis 6: 18). Aquele que anda com Deus, compreende que vencerá as contrariedades porque a vitória lhe é revelada, não à sua razão, mas ao seu espírito.

É Deus quem revela à Igreja o que há de sujo neste mundo, e que anda entre nós disfarçado, embutido em inúmeros atrativos. Contudo, quando homens e mulheres adquirem visão espiritual, não ficam discutindo a vida com o diabo. Eles seguem um caminho pré determinado com Deus e nada os impede de atingir seu pleno potencial em Cristo Jesus, isso é, revelação espiritual.

Unção Sobrenatural

Davi orou: *Unges a minha cabeça com óleo* (Sl 23:5), porque ele sabia que com a unção do Senhor estaria protegido contra todo o tipo de mal. Pois, a unção nos capacita à enfrentar tentações, já que deixamos de depender de nós mesmos para agir segundo o Seu direcionamento. Max Lucado, em seu livro, Aliviando a Bagagem, escreveu: *A fim de ser ungida, a ovelha deve ficar quieta, abaixar a cabeça, e deixar o pastor fazer o seu trabalho.* Conosco, ovelhas de Cristo, não é diferente, é importante deixarmos que o nosso Pastor, nos conduza para o centro da Sua vontade, pois só assim obteremos unção sobrenatural. Desta forma, não faremos mais força para sermos o que gostaríamos de ser, apenas nos aquietamos na Presença do Senhor, permitindo o Seu agir em nós.

Há quem se engane achando que obter a unção de Deus é falar em línguas estranhas ou cair sob o Seu poder, quando se está na igreja. O Senhor realmente derrama do Seu Espírito sobre a igreja, mas a unção a que me refiro não se limita a um culto, não acontece só no momento de louvor, ela o acompanha para onde quer que vá. Para o trabalho, à faculdade, em meio ao transito, não importa onde, ela não o larga, é a marca de Deus na sua vida, é o que o diferencia do comum.

Note um homem que toque um instrumento musical com exímia destreza, a melodia se tornará agradável de ser ouvida, mas jamais terá poder para causar qualquer tipo de mudança na vida de uma pessoa. Agora, observe alguém tocando o mesmo instrumento com unção, milagres acontecem, porque quem conduzirá a melodia não será apenas o homem, mas Deus.

A unção do Senhor rompe com os limites humanos para ampliar os Seus pensamentos em nós.

Provisão Sobrenatural

Esta provisão não envolve apenas o provimento financeiro, mas também o do caráter. Há muitas pessoas presas a hábitos que corroem com sua vida porque não permitem ao Senhor tratar de seus problemas pessoais como mágoa, ciúme, solidão e tantos outros conflitos que acabam por deformar o caráter. Entretanto, o cristão parece se esquecer de que Aquele que o criou saberá tratar destas coisas, pois Seu desejo é que o funcionamento do ser humano seja perfeito para toda boa obra. *E Deus é poderoso para fazer que lhes seja acrescentada toda a graça, para que em todas as coisas, em todo o tempo, tendo tudo o que é necessário, vocês transbordem em toda boa obra* (2 Co: 9: 8; NVI). No entanto, para que Deus possa suprir a necessidade da Igreja, ela precisa crer, como Eliseu creu que o Senhor faria o melhor em seu favor.

Lembro que há algum tempo atrás, um rapaz me procurou, pois queria doar uma moto, era a sua oferta para o trabalho de evangelísmo e missões. Contou-me que havia sido viciado em drogas e que por isso compreendia a necessidade da obra de missões. Por três anos, mensalmente, ele pagou a moto que era o seu meio de transporte, mas estava decidido a ofertá-la.

Passado algum tempo, este rapaz tornou me procurar a fim de testemunhar algo inesperado.

Contou-me que, após aquela doação, retornou a sua rotina diária no escritório onde trabalhava. E, de alguma forma, o seu patrão ficou sabendo da sua atitude com relação a moto e o mandou chamar. O rapaz não entendeu porquê aquele assunto afetaria alguém como o seu chefe. Chegando à sua sala o ouviu dizer:

> - Tenho observado você desde que chegou aqui na empresa, tem sido um dos meus melhores funcionários. Sei que havia comprado uma moto com muita dificuldade e, embora eu não seja evangélico, me senti envergonhado diante do que você fez ao doar algo que se empenhou tanto por adquirir. Porque tenho adquirido tantas coisas com a ajuda de Deus e no entanto, nunca fiz nada para demonstrar gratidão, nunca fiz nada pra Deus. Então, decidi me redimir, e vou começar a fazer isso dando-lhe um presente.

Emocionado, o rapaz contou que o seu patrão o levou para fora do prédio a fim de lhe entregar o presente, tratava-se de um carro zero quilômetro.

É claro que aquele jovem não se desfez de sua moto pensando em fazer uma troca com Deus. O Senhor porém, honrou a decisão do seu coração, que era sincera em ajudar na evangelização de outras pessoas. O fato é que, quando alguém anda com Cristo, vê o sobrenatural acontecer, independentemente das circunstâncias. Mas muitos cristãos fazem o oposto deste rapaz, negam ao Senhor seu tempo, o dízimo, sua fidelidade, e depois declaram:*O problema é que não venci a tentação!* Tentação é uma questão de escolha segundo o grande poeta e dramaturgo inglês, Willian Shakespeare:*...uma coisa é ser tentado; outra coisa é deixar-se vencer pela tentação.* A verdade é que uma pessoa com a visão de Deus, jamais se deixará levar por insinuações ou seduções deste mundo, pois saberá confiar na provisão sobrenatural do Pai.

CAPÍTULO IX

ONDE MORA A VONTADE DE DEUS?

Aquele homem não deveria fazer isso! É o que qualquer pessoa diria. Contudo, ele desprezou toda aquela quantia em dólares que havia na minha mão, porque tinha algo mais importante que qualquer negócio para fazer naquele momento. E foi o que ele fez. Exatamente no momento em que trocaria o dólar pelo dinheiro do seu país, deixou-me ali plantado, na verdade me ignorou, enquanto se apressava em estender no chão um pequeno tapete em direção ao oriente. Em seguida ajoelhou-se, pois havia chegado a hora da sua oração. A sua atitude homem me impactou, e a sua disposição me deixou muito impressionado, porque lembrei do quanto o povo de Deus negligencia a oração, como se não levasse a sério o ato que nos faz adentrar a Sua Presença.

O que acontece nos nossos dias é que a Igreja tem se esquecido ou ignorado, qual o propósito da oração. Por esse motivo muitos têm deixado de andar debaixo da mão de Deus, colocado-se por detrás dela. É o caso do cristão que é motivado a buscar ao Senhor por causa de alguma bênção ou milagre. Seu principal interesse em estar na igreja é ver algum milagre. Nada há de errado na manifestação de milagres, ao contrário, é maravilhoso. Mas o cristão não deveria correr atrás desta ou daquela bênção, porque as coisas extraordinárias dos céus, os prodígios do Senhor, deveriam ser algo constante na sua vida.

Homens e mulheres que nasceram de novo andam experimentando todo tipo de frustração. São problemas com o cônjuge, dificuldade de relacionamento com os filhos ou insatisfação na vida profissional. Contudo, estas pessoas oram e até participam de campanhas de oração na igreja, ainda assim, as coisas não mudam, o milagre da mudança não acontece. Então, começam a desanimar e a frustração aumenta porque parece que Deus não as está ouvindo. É neste ponto que o cristão pára de orar.

Deixando de orar

Uma pessoa deixa de orar quando não compreende o propósito da oração e começa a falar com Deus, não a fim de estar com Ele, na Sua Presença, mas no intuito de fazer-Lhe um enumerado de solicitações, segundo o que ela acha ser justo ou bom.

Observando a ilustração a seguir, compreenderá melhor os motivos que levam um cristão a deixar de orar.

Ela era inteligente e conseguia fazer amizade muito fácil. O fato de não ser a garota mais bonita da igreja não diminuía nem um pouco suas chances de encontrar um bom rapaz.

Certo dia, ela viu alguém especial se converter. Ele era tudo o que pedira a Deus em suas constantes orações. Bonito, agradável, além de aparentar possuir uma boa situação econômica. Portanto, ali estava o que o Senhor lhe havia reservado. Contudo, a decepção a fez desmoronar quando o rapaz se agradou de uma outra garota.

Persistente, continuou orando, conhecia a Palavra que diz: *Bendito seja Deus, que não me rejeita a oração, nem aparta de mim a sua graça* (Sl 66: 20). De novo avistou o rapaz dos seus sonhos. Este parecia ainda mais ideal que o outro. Ele entrou na igreja num culto de jovens e logo ficaram amigos. Mas, depois de algum tempo freqüentando aos cultos, o rapaz se decidiu por outra. De novo a decepção.

O tempo passou, e o rapaz sonhado não surgiu em sua vida. Então, ela desistiu de orar. Mas, se Deus responde a oração de todo aquele que O busca, por que não a atendeu? Note o que está escrito em Provérbios 19: 21: *Muitos são os planos do coração do homem, mas o que prevalece é o propósito do Senhor* (Tradução bíblica, NVI).

Deus se agrada em ouvir nossos sonhos, mas também deseja que ouçamos os Seus planos. E, muitas vezes, quando uma pessoa ora não atenta para o fato de que não está diante do gênio da lâmpada mágica, que apenas recolhe pedidos e os satisfaz. Pois Ele é Deus, soberano em todas as coisas. A oração portanto, está longe de ser um ato de simples petição, ela abrange um relacionamento com o Senhor, uma interação entre Aquele que é onipotente, onisciente e onipresente. Quando alguém desperta para quem de fato é o Criador, compreende a Sua bondade, atenta para o Seu amor e grandeza, permite que Deus plante no seu coração a Sua vontade. A falsa idéia de que a vontade do Senhor pode ser algo ruim, ainda atormenta há muitos cristãos.

O Seu plano para a vida da moça que orava pedindo o rapaz ideal, ia muito além do que ela esperava. A garota só conseguia olhar a aparência, sem notar o melhor, sem ao menos vislumbrar a sua felicidade, porque estava presa ao próprio desejo, a seu querer. Toda vez que ela se dispunha a orar não estava buscando uma amizade com Deus, visava apenas seus interesses. Com isso, foi aos poucos se afastando do Senhor, não compreendendo o que Ele disse em Sua Palavra: ...*os meus pensamentos não são os vossos pensamentos, nem os vossos caminhos, os meus caminhos* (Is 55: 8). Por isso, quando uma pessoa ora, não deve orar segundo suas convicções, segundo o padrão humano caído, de acordo com a conveniência ou a razão. Mas crendo que Ele é soberano para fazer muito além do que pedimos ou pensamos: *Ora, àquele que é poderoso para fazer infinitamente mais do que tudo quanto pedimos ou pensamos, conforme o seu poder que opera em nós* (Ef 3: 20).

A Soberania de Deus e o que Você Pensa

Eu estava indo realizar uma conferência no sul do país, e me acompanhava um pastor que parecia bastante chateado com o que havia lhe acontecido. Após ele regressar de uma viagem, a comunidade que pastoreava decidiu afastá-lo da liderança sem qualquer justificativa. Ele estava se sentindo traído e insultado. Durante todo o trajeto do aeroporto até o local da conferência aquele pastor comentou a injustiça que lhe haviam feito, se sentindo muitíssimo magoado. Eu não sabia o que lhe dizer, então pedi ao senhor me desse algo para falar que pudesse ajudá-lo. De repente, lembrei-me de um outro homem que havia sofrido muito pelo evangelho de Cristo, mas que por se submeter a vontade do Senhor venceu todas as circunstâncias contrárias.

> - Sei de um homem que fez muito mais que você pela Igreja e sofreu muitas pressões, mas não desanimou. - eu lhe disse - Ele evangelizou continentes e treinou muitas pessoas para que pudessem realizar a obra de Deus. Na verdade, ele cuidou de crentes e descrentes, letrados e incultos e se tornou um referencial para todos.

No entanto, foi preso injustamente, como se houvesse cometido algum crime. Só que, a prisão não o amorteceu, ao contrário, ele revolucionou o mundo cristão dali de dentro da prisão, através do que escreveu.

- Quem é esse homem? - ele me perguntou.

- O apóstolo Paulo. E lembra do que ele disse: *Combati o bom combate, completei a carreira, guardei a fé.*

O que Paulo estava dizendo era que, após conhecer a Jesus, aprendeu a amar a Deus intensamente, a ponto de não mais viver segundo o seu entendimento. As pessoas o viam na prisão, mas ele já vislumbrava a glória. Os que estavam a sua volta enxergavam um homem prisioneiro, Deus porém o via como filho querido e amado e o envolvia com a sua paz, conforto e alegria, fazendo Paulo sentir que logo estaria em casa e que se acalentaria nos braços do Pai. Aquele apóstolo de Cristo não se intimidava pela aparência porque entendia que quatro paredes jamais poderiam tirá-lo da Presença de Deus, pois sabia se entregar a Ele em oração, adquirindo a mente de Cristo, conhecendo o coração de Deus.

Em seguida, perguntei àquele amigo:

- Você tem Deus?

- Sim, eu tenho.- ele respondeu.

- Pois isso é tudo o que você precisa. Talvez não seja tudo o que você quer, mas é tudo o que você precisa.

É necessário que o cristão compreenda que Deus não está amarrado ao que ele pensa, mas está fixado, alicerçado na Sua Palavra. Note a declaração de Kenneth E. Hagin a esse respeito: *Alguns talvez digam: "Não compreendo por que a oração não surtiu efeito". Seria como se dissessem em um jogo de futebol: "Não compreendo por que ninguém consegue fa-*

zer um gol". Não fique confuso! Consulte o Manual de Regras! Consulte a Bíblia e descubra como orar (Trecho do livro: A Arte da Intercessão).

Uma pessoa não pode basear sua vida nos propósitos de sua mente, no que assiste à sua volta, no visível que o mundo oferece. O cristão que deseja ser mais que vencedor, deve entrar na dimensão do Altíssimo, aprender a andar com Ele, para que veja se cumprir na sua vida a vontade do Senhor. A oração é o princípio para um relacionamento de amizade com Deus, onde Ele planta no coração do homem os Seus sonhos e revela a Sua soberania.

CAPÍTULO X

NO CORAÇÃO DE DEUS

O que acontece quando uma pessoa infringe a Palavra do Senhor? Acontece um desligamento, uma separação, porque algo foi violado. O mais triste porém, é que muitas pessoas têm transgredido a Deus, mas continuam levando a vida como se o erro ou o pecado fossem fatos normais e começam a trocar valores. Estou dizendo que há pessoas que não tomam consciência de que estão ferindo ao Senhor por violarem os Seus ensinamentos. A Sua Palavra diz: *Confia no Senhor e faze o bem; habitarás na terra e, verdadeiramente, serás alimentado* (Sl 37: 3). A verdade porém, é que o cristão confia muito mais em si mesmo ou no que vê, do nas promessas contidas nas Escrituras e isso lhe afeta a oração.

Certa vez aconteceu um fato em minha família que me fez parar e refletir muito. O meu filho mais novo, que na época estava com 16 anos, violou uma lei de trânsito nos Estados Unidos. Ao passar por um sinal vermelho, o ultrapassou. A conseqüência veio através do xerife, que o parou e o encaminhou a uma sentença, fazendo-o prestar contas do seu ato diante de um juiz.

Agora era meu filho caçula e o juiz, meu coração apertou, não queria ver o meu menino sendo julgado, afinal, ele só havia ultrapassado um sinal vermelho, era o que eu pensava.

Diante do juiz, a primeira pergunta lhe foi dirigida:

- Filho, quem paga a sua comida? - indagava o juiz, atento a sua resposta.

- Meu pai.

- Quem paga o seu colégio?

- Meu pai.

- Quem dá a sua roupa?

- Meu pai.

- E foi o seu pai quem o mandou transgredir essa regra?

- Não, meu pai nunca me mandou transgredir regra alguma. Ao contrário, ele sempre me orientou à nunca ultrapassar um sinal vermelho.

- Mas, infelizmente, você transgrediu uma regra...

A regra quebrada teria uma sentença, e foi o que o juiz definiu a seguir, lhe dizendo:

- Durante 1 ano, você terá um acompanhamento. Uma vez por mês fará um exame, a fim de detectar se há algum sinal de álcool ou droga no seu sangue, porque não poderá haver em você nenhum vestígio dessas coisas. Também não poderá sair de casa depois das 6 horas da tarde. E, quanto a amizades, só poderá ter os amigos que seu pai permitir que tenha.

No momento em que ouvi aquela sentença achei que o juiz havia sido severo demais. Mas aquele homem conhecia o significado de regras violadas, já tinha visto tragédias acontecerem por causa de uma regra infringida. E, acima de tudo, ele entendia que meu filho poderia ser um rapaz muito melhor se ficasse mais tempo sob os olhos de seu pai.

Dois meses se passaram, e o que observei me comoveu. Meu filho havia crescido mais em 60 dias do que nos últimos 5 anos de sua vida. Porque havia aprendido a se submeter e a se disponibilizar. Ele compreendeu que para ser uma pessoa livre tinha que aprender a ouvir, a prestar atenção ao governo das coisas.

Aquele juiz talvez não se desse conta do quanto estava amando ao meu filho, e a mim mesmo. Porque a sua presença ensinou ao meu rapaz a atentar para o que há de mais importante.

O maior Juiz, Aquele que é soberano sobre céus e terra, deseja que compreendamos que a Sua Presença excede aos milagres ou a qualquer bênção. Porque é na Sua Presença que adentramos no Seu coração e O conhecemos. A partir daí passamos a confiar nEle, porque ninguém confia num desconhecido. Eis o propósito da oração em sua intensidade: conhecer ao Senhor, ter comunhão com Ele, caminhar ao Seu lado e enxergar Seus sonhos a fim de fazer parte de Suas realizações. Quem faz isso não viola os mandamentos do Senhor, pois aprende amá-Lo sobre todas as coisas. A oração será sempre a ponte para o adentrar na Presença de Deus. Infelizmente, muitos têm feito deste momento sublime um ritual de petições ou queixas contínuas, se esquecendo de que não há prioridade maior do que a submissão ao Pai. *Mas buscai primeiro o Reino de Deus, e a sua justiça, e todas essas coisas vos serão acrescentadas* (Mt 6: 33).

O justo Juiz, colocou meu filho diante de um juiz humano porque queria ensiná-lo sobre submissão, prioridade e propósito. Quando entramos em oração desta forma, tocamos a face do Altíssimo, e deixamos de lado todo o tipo de superficialidade, porque passamos a saber quem é Deus.

Agora que você chegou ao final deste livro, quero levá-lo ao começo de suas páginas. Lembrando-lhe de que Deus está pronto à realizar o melhor através de você. O caminho está preparado, os desígnios do Senhor estão nEle fundamentados, faltando apenas que você anele por Sua Presença e se deixe dominar por Sua vontade.

Porque os meus pensamentos não são os vossos pensamentos, nem os vossos caminhos, os meus caminhos, diz o Senhor. Porque, assim como os céus são mais altos do que a terra, assim são os meus caminhos mais altos do que os vossos caminhos, e os meus pensamentos, mais altos do que os vossos pensamentos.

ISAÍAS 55: 8, 9

www.ingramcontent.com/pod-product-compliance
Lightning Source LLC
LaVergne TN
LVHW010248200726

843506LV00014B/3161